岩 波 文 庫

33-585-1

丹下健三建築論集

豊 川 斎 赫 編

岩 波 書 店

目次

Ⅲ　建築の美について

丹下健三建築論集

Ⅰ　建築家の構想力について

香川県庁舎
設計　丹下健三
撮影　石元泰博

MICHELANGELO 頌――Le Corbusier 論への序説として――

それは静謐なる歴史の時刻であった。どこか、醒めた自我の内に、歴史の尖端の炎は燃えた。その時、歴史は窮極の、貴重なる一歩を上昇した。

Michelangelo と Le Corbusier. 一見相反のこの二つの名は、上騰する姿において、時間と言う荒寥たる間隙を通して相寄る。

しかも、何故に Le Corbusier を論ずるにあたり――新建築の現段階の歴史的意味を探らんとするにあたり、――Michelangelo の名が拉し来られたのか。何故に Phidias とか Ictinos とかの名であってはならないのか。

Phidias を一つの極とし、Michelangelo を他の極とする造型の全範囲の緊張の場に Le Corbusier の住家はあるのではないのか。かく問うことによって、われわれはすでにこの出発において坐礁してはいないだろうか。確かに坐礁している。

Acropolis の静謐な丘の上にたたずまいつつ、Le Corbusier の内奥には、Parthenon の雄叫びが鳴り響いてくる。しかしまたも慚愧の心をもって彼は現代のこの喧噪を極めた時刻へと呼びもどされつつ、語るのである。

「機械人の冒険を最初に開始した北の国の人々は、攪乱的な熱狂さに身を委ねた。清掃を！　清掃をしなければならぬ！　それはほとんど一つの宗教、否定と空漠と放心との一つの独自の宗教であった。……」

「そしてなお私は言いたい。今後、アテネからスペインのアリカントに至る範囲内では、現代建築はアクロポリスの雄叫に直面することが可能であるし、かつまた直面しなければならぬ」と。《Croisade. 生田勉氏の卒業論文としての訳文から》

Le Corbusier の語るこの二つの時刻の間には、——破壊と上昇の時刻の間には——何が為され、また為されねばならなかったか。そこに彼の担う歴史的使命があるであろう。

Le Corbusier は壮大なる孤独のうちにあって、その二つの時刻の間を造型し続けた。彼のいる所には常に歴史の尖端の炎はもえた。その根源の力は何であろう。われわれが謙譲にかく問う時、Michelangelo の名が新たに輝いて来る。全歴史の負荷を一身に受けつつ、それを高め、深めることによって、造型し続けた Michelangelo は Le Corbusier に何を語ったであろうか。彼等の隠密なる対話に、しばし耳を傾けるのはよいことである。

1

自己の内に含まれた神的な諸力をもって、己れひとりで一つの創造を企て、しかもこの創造は何時もまたついにもとの渾沌へと没入していた暗き衝動の時代、己れひとりでは何か持続するものを形成する力なきままに、波立ち沸きかえる海原の如く、暗い覚束なげな法則に従って予感しつつ動く根源的憧憬の時代、かくて何等の形象を世界に発言することなく没落と去った種族のかかる人間精神の原始風景の中に、突如、幾何学が発言され、その上にアポロの光が照りはえたあの壮大なる時刻を想え。「これは途方もない企図であった」と Valéry はギリシャ族の幾何学の創始について語り始める。「このような妄想の可能性については、今なおわれわれは論議している。この幻想的創造を実現するためには、何をしなければならなかったか。――エジプト人も、支那人も、カルデア人も、インド人もそこまでは到らなかったことを想ってみたまえ。これこそ情熱を湧かせる冒険であり「金羊毛」の遠征よりも遥かに貴重な、確かに詩的な征服であったことを想ってみたまえ、……これは一般には最も相容れぬ天賦を必要とした企図であった。この企図には自己の思惟の中を彷徨することもなく、自己の印象によって逸らされることもない精神の Argonautes, 不撓の水先案内達を要した。彼等を進ませる前提の薄弱さも、また彼等の探究する推理の繊細ないし無限も、彼等を惑乱することはできなかった。……」

「彼等は正確な推理に対して、あれほど微妙な、あれほど有りうべからざる通用語の調整を成就した。極めて複合した運動および視覚作用の分析、これらの作用と言語学的および文法的固有性との対応を成就した。彼等は空間の中で彼等を導くものとして、明察の盲者となって言葉に信頼した」と。

このギリシャ精神について語られる叙述の中に、すでにかのギリシャ族の倦怠への兆が見えはしないか。造型の天賦に、かくも横溢したギリシャ族が、果して明察のものであり、眼の所有であった幾何学を、言語のもの、概念の所有へと譲りわたしたと言うことが考え得ることであろうか。かつてそれは、人間の潤える眸と万有との対決の詩であった。それは、かぎりなき憧憬を持して、恐怖なく絶望なく、深淵を直視し得たほど、ギリシャ族の造型力が逞しかった時であった。

果して、ギリシャ族は幾何学を眼の所有から概念の所有へと譲渡した。それはまた、倦怠と頽廃との始めともなった。

この譲渡の二つのものの、果敢ない均衡の刹那に、パルテノンは僥倖なる完成を遂げた。それはギリシャ的根源の幾何学の有機の豊饒と芳香と、まさに頽廃せんとする幾何学の無機の鋭気の、稀有の饗宴の刹那に生れた。

比類なき様々の定理、公理、定義、補題と順次、幾何学的認識は空間に氷の殿堂を樹立した。かく先取され、凍結した空間は、ギリシャ族の構想力に限界を命じた。

アポロは彼等の前に、再び秩序の神――ギリシャ的意味における節度の神として現われる。倫理的な神として、デルフィのアポロの支配する所には、人間へのデモーニッシュな愛のために、プロメテウスはかえって禿鷹の餌食にされねばならない。かくてひとたび、秩序が安固となるや、表象と記号が支配的となるや、諸々のものの武装解除が行われていく。それはついにおもむろに根底の意志にも及んでいく。ギリシャ族はかかる表象と記号に安住し、倦怠し、頽廃へと傾いていった。かくてギリシャ的根源の造型の意志は、自らの創造物によって、喰いつくされていった。

しかし他のギリシャ族が、未だ幾何学的疾病によって損われることのなかった健康なるギリシャ族が、その根源の造型の意志をもって、地中海へと遠征し、突撃した。一はローマの雑踏《バザー》を、他はローマの揮一をかたどった。

人々がデルフィのアポロの祠堂の前に佇んで以来、その扉に峻《けわ》しくかかげられた二つの託言「汝自身を知れ」「度を節め」の命に服してよりこのかた、根源の造型の意志は、プロメテウスの如くにさえ、幽閉されていたかに見える。それがやがて反省偏重の意識過剰の時刻をつくり、ひからびた合理主義の眸は幾何学を概念へと譲渡し、かくて頽廃の幾何学はローマの雑踏《バザー》を作った。そのものが、やがて今や、壮大なる幾何学的悟性の時刻を現前せしめ、幾何学的絢爛の妖しき花を咲き乱した。その爛熟にまで想到するならば、人々は驚愕さえするであろう。その時、人は Quattrocento 一四〇〇年代を想い、Fiore 咲く Firenze を想うであろう。なおも Brunellesco Alberti と想起するのである。

彼等の眸には、古代は巨《おお》いなる幾何学的概念の遊戯としてうつった。かかる遊戯の外に全自然もあり得ない。野蛮とののしり、粗野とあざけりつつ、中世的暗暝を克服し啓蒙すべき彼等戦士の眸にとりては、一切が幾何学的認識の氷の体系に隷属した。しかも

homo unicoへの逸脱を試みる彼等はその体系の拡散を企てねばならぬ。かつて躍動を身に潜めて蒼穹をついた石々はかかる幾何学的厳格と節度とによりついに無機の雑多にまで解体される。石々はかくて人智の体系に隷属し呻吟しているかに見える。

かくも精緻をきわめた幾何学の中に育ち、幾何学が解きほぐした雑多の形象に取囲まれつつ、一切の認識の氷の刀に身を固めて、homo universaleになりおおせた白皙の一人物Leonardの傍らには、年若き他の一人物が彼への罵倒を浴せつつ登場する。

2

ここに深淵を距てて立つ巨大な岩山を想われよ。

一人はその前に立って深淵を橋架くることを思考するであろう。あるいは翼をもってそこに飛行を試みんとさえ考えあぐねるであろう。

しかし他の一人は、深淵の暗黒の彼方を凝視しつつ、意識の背後に揺曳する心情に戦《おのの》き狂うのである。その彼が凝視する暗黒の闇の中に、突如陽光の洪笑をあびて、白堊の岩山が浮び出る光景の壮大さを想われよ。彼は肉体的な躍動をさえ感じて、それを指さして叫んだ。「巨大な像をかの岩山からあばき出そう」と。

前者が思考の Descartes 的一方法をもって近づきおおせた Leonard であるならば、後者はいかなる思考の方法をも拒みつつ、永遠にわれわれの前に立ち塞がるかに見えるものの像として Michelangelo の名がふさわしく思われる。

われわれはいかなる思考の方法をも、彼を前にしては断念せざるを得ない。内奥には劇がある。また Michelangelo にも創造しつつ内奥には沸き立ちかえる劇があったと想い、劇をもって、彼への近接《ちかじき》を試みるのである。

Michelangelo の眸は、永く、かかる幾何学に耐えることはできない。地中海の陽光と蒼穹と言えど、なおそれを潤すことは至難とさえ思われる。かつて同じ太陽の下に、ギリシャのアポロは燦然と輝いた。それは頽廃しつつも、その最終の一閃光の時に無機の鋭気の中にさえアポロの輝く姿を映し出したではなかったか。ギリシャのアポロの輝きは何がゆえにかくも燦然と照映えたであろうか。何がゆえに、今や、かくもアポロの微笑はひからびゆくのであろう。アポロの輝きは黄昏ゆくのであろう。かく問う彼の眸を見よ。

彼の眸の前には、かくも堅固を極めた幾何学の氷の殿堂も、果敢なく壊れ落ちていかねばならぬ。かくも安固となれる表象と記号も彼の眸から遠ざかりゆくのである。今やFirenze は神々の黄昏の姿にさえうつったであろう。

黄昏ゆく神々を想い、黎明し来る神々を待ちのぞむかの「夜《ノッテ》」の姿を見よ。Michelangelo はただ一人表象のない世界へと下りいで、無限定から限定への耐えがたい憧憬の夜の巨体の中に深き睡りを眠る。彼は「夜」に代りて、かくも囁くであろう。

われにうましきはまどろみ　　なおもまた石なることこそ
思いやりなき損いや辱めの間に　　見ざる聞かざるは大き幸
かるがゆえにわれをゆり起すなかれ　　過ぎ去るものよ。声低くささやけ

しばしば襲い来る世の喧噪に覚まされつつ彼は「かくも脆弱にして頼りなく、愉楽をもたぬ。一匹の哀れな蛍にさえ戦かねばならぬ」夜を非難さえするのである。またも日常的刺戟につかれ果て嫌悪しつつ「おお夜、陰暗のときなれど愉し、しばしば汝は、地上の喧噪より、天上へ、想像の国へとわれを齎らしつ」とさえ夜を謳歌するのである。

しかし、Michelangelo のかかる日常的、伝記的体験をはるかに超えつつ、隠密に

「夜」は彼の内奥へと訪れるのである。

「それは過ぎ去れる神々と来るべき神との間の時間である。それはまことに乏しき時間である」とHeideggerは『ヘルダーリンと詩の本質』の中に語るのである。「何故ならそれは過ぎ去れる神々のもはや無いということと来るべきものの未だ無いということとの二重の無と欠乏とのうちに立っているから。……時間が乏しくあるその故にその時間のうちにある詩人は過度に豊かである、——余りにも豊かである故に詩人は過ぎ去りしものを思い、来るべきものを待ちのぞむことに於て疲れ果てこの外見上の空虚のなかで屢々ただ眠りたいとねがう。けれども彼はこの夜の無のうちに固く立っている。詩人はかく自己の使命の故に最高の孤独のうちにあって自己自身のもとにとどまる」と。

すでに時代の喧噪と叫喚と言えど、Michelangeloの深き睡りを醒すことはできないであろう。彼は彼の内から醒めねばならぬ。歴史が新たなる時刻の炎を深く彼の内に燃やす時、彼の自我は新たに醒めるのである。われわれは先取的にその瞬間を「決断」と呼ぼう。

しかしわれわれは今やなお二つの問に問われている。「欠乏の時であり、乏しき時である夜」は何がゆえに豊かであるのかと。そうして、さきにわれわれの先取した「決断」は何がゆえに「乏しき時間」の内に生起するのか、と。

われわれはこの第一の問に答えつつ、第二の問に近づいていくことができるであろう。

創造の根底には大いなるパトスがある。このパトスは本質への飢餓であり、自身無形相でありながら、その無限定から限定への耐がたい要求を内に含む所の、光を待つ夜の姿において、われわれの思考に近づいてくるのである。

夜の本質は、それゆえに欠乏であり貧窮であり憧憬である。在るというよりも、ただ在ることを求めるものが、憧憬が、万物の端緒にある。人間を駆って全力をあげて光明を目がけて努力せしめる所のもの、すなわち彼が現存にまで揚げられてきたその源なる深い夜の意識にたとえつつ Schelling は「神の内なる自然」の形相を『人間的自由の本質』の中に語るのである。

「かかる存在者を人間的にわれわれに一層近いものにしようと欲するならば、われわれは、これは永遠なる一者が自己自身を産まんとして感ずる憧憬である、と言ってよい。この憧憬は一者そのものではないが、しかしこれと共に等しく永遠である。それは神、すなわち底の知れざる統一を産まんと欲するが、その限りにおいて、それ自身のうちには未だ統一はない。であるからそれは、それだけとしてみれば、また意志である。しかし何等悟性を含まぬ意志であり、意識的なる、あるいは反省と結びつけられたる意志ではなく、それは予感する意志である」と。創造の端緒にはこの暗き顕示への意志が潜む。

創造の体験の最深の端緒には、渇望を本質とするものがあるであろう。それは欠乏の時であるがゆえに沸き立ちかえり、乏しきがゆえにかえって豊かである。この顕示への意志の不断の索引によって、あたかも魔術によっての如く、最初の無限定の無形相は、現実に理解し得るもの、個別的なるものに、何等の外的な表象に頼ることなく形象化されるのである。

それゆえにSchellingは『サモトラケの神話』において、第一に元初自然であり、貧窮と欠乏とを意味し、渇望をまたは憧憬を意味するデメテルを、そうしてその次に魔術の神としてペルセポネとディオニソスを置くのである。

「われわれはアポロ文化のあの芸術的建造物から、その石を一つひとつ取りのけて見なければならぬ。――その建造物が立っている土台をわれわれが見得るところまで」と決意しつつ、Nietzscheもまたギリシャ文化の根底に隠されたる根源力に想いを馳せたのである。それは独仏戦争のただなかに、祖国の非常時をよそに、どこかアルプスの片隅でなされた。若き日の Nietzsche の確信によれば、かかる芸術的な問題のうちにこそドイツ帝国の将来が懸けられていたのである。それは「悲劇の誕生」となって、そのギリシャ的根源力をわれわれに語り明すのである。それは動乱狂酔、生成の神ディオニソスである。このディオニソスとアポロの合体した状態に彼はギリシャ文化の絶頂を見、そうしてディオニソスなきアポロ意識の跳梁が近代頽廃の本質と考えた。

しかし Nietzsche がアポロを造型者神とし、ディオニソスを音楽者神となし、ついにこの二つのものの合体をギリシャ悲劇に求めねばならぬ窮路に立ち至る時、われわれは Nietzsche とも袂別しなければならない。すべてアポロとして可視的表象の世界の誕生に先だって根底にはディオニソスは憧憬し、渇望しなければならない。すべて創造には、自身無形相でありながら、限定へのたえがたい衝動を内に含むものが先立たねばならない。

3

Michelangelo の魂は、肉体の故郷より今や、真実の故郷——ローマへと赴かねばならぬ、そこには何かしら感動への予感がありはしないか。彼が敬虔に造型の笈を負うローマは、彼を歓呼し迎えた愚衆のローマではない。巨いなる幾何学的遊戯の古代ローマではさらにない。

ギリシャ族の造型力が奔放の不逞の情熱であったディオニソスを解放してなおそれに乱されぬに足るほど逞しく横溢せる時、一歩先にアポロの栄光の晶を見やりながらそれに幻惑されることもなくなおディオニソスの情熱を持して、地中海へと遠征し突撃した健康なるギリシャ族が、南伊の地に新たに神殿を建立する。

Paestum の神殿を視られよ。その健康なるギリシャ族の幾何学の有機の豊饒を見られよ。それは未だ星雲状態からさめやらぬ太陽系のようにさえ、無限を意志しつつ歴史の予感にうごめいている。

Michelangelo が訪れたローマはその後裔であるローマであった。彼は足下に匍《は》い去る喧しい侏儒の類から遠く離れてただ一人静かに彼の途を歩んだ。彼の眸の前には、今や、人の偉大を示しつつ、人間共を蹂躙さえして、ただ、造型の意志が、何物をも被らない顕わな姿をもって屹立している。

壮大の意志を感じつつ、歴史の予感に戦きつつ、Michelangelo の孤独の眸は輝きに満ちた。コロシウムは彼の眸の前に始めて壮大であった。コンスタンチンのバジリカと、カラカラの浴場は彼にその極致を示した。彼こそ造型の意志の家門であり、彼の使命はなお一層崇高なる意図によって、これを強大にし、高め、深化し転身しつつ、新たなるより高き創造に到ることであった。造型の意志に、稀有の表象を与えねばならぬ。

彼はローマに彼の「夜」の写像をさえ見た。ひとたび彼の前に果敢なく壊れ落ちた Quattrocento の表象と記号の殿堂も、Cinquecento への大いなる歴史的意味を担いつつ、再び、アポロ的仮象となって Michelangelo のもとに帰り来る。有限と無限との間に、形象とその背後との間に、心像の放射は激しく閃めき、ディオニソス的憧憬の激しく動揺する気分の内にあって、意識の背後に揺曳していた漠たる形象的意想は、今や象徴的な夢における如く、アポロ的な仮象の救いによって、可見なものになる。

その瞬間《とき》 Michelangelo の自我は、かえって自我ならぬもの——根底の意志によって激発され誕生し来るのである。「人間は時間の中に生れるのであるが、しかも創造の端緒に創り出されるのである」と Schelling の語る意味があるいは理解されないであろうか。

生きた石の中の槌のねがいは充されて、明るみの中に生れ出でぬ。

かくも輝かしく、かくも美《うる》わし、そのものの無限、時すら損わずかくMichelangeloが詠む創造の体験の安らかさは、彼が「創造の発端」にあると言うことによってのみ理解されるのである。それゆえに彼は、自然の国が、過去と未来との水平圏を持たぬ安らかな今にあるごとく、彼は創造しつつ、運命に運び去られゆくかのように、安らかな営みを体験する。それはSchellingが、根底の意志の創造について語る所の、一つの生成する自然物の——すなわち自らを展開することに努め、またその内的運動は悉まままならぬもの、中途で罷められぬものであり、しかもこれ等の運動において自らを強いられたものとしては感じないような自然的の——美わしき衝迫に最もよく比せられるであろう。

あるいは詩人の言葉をもって、その安らかな瞬間を証しすることはできないであろうか。Hölderlinは『ヒューペリオン』の中の「未知の国の夜へ、別の世界の冷たい他国へ突進しようと思う。出来得れば太陽の範囲を去り、惑星の埒を超えて突撃しよう。ああ、人間の荒胸には故郷なぞ不可能なのだ」と始っている一節の中に語っている。「私たちこそ運命なのだ。……私たちの心には或《ママ》が神が宿っている。その神はあたたかも水の流れの如くに運命を禦し給う」と。

今なお壮く厳しく立つ St. Pietro のドームを凝視《み》られよ。それは伝記的存在 Michelangelo をはるかに超えて立っているかにさえ見える。

それが生み出された瞬間《トキ》、彼は会心に微笑えむのであった。それは何故であろう。彼が創造に先だって、そのすべてを予想し得たとしたならば、それは当然のこととして、彼の会心の微笑をさそうはずはなかったであろう。

「世界の創造主の秘密を誰にもやらないで、この私にだけ与えられたら」と謙譲に願う彼であったればこそ、彼はそこに生み落されたものの中に創造主の秘密を見て会心に微笑むのである。彼はそこに、他者と対峙したのでなければならない。未知なるもの、生成を知らぬものに触れたからでなければならない。自我はかえって自我ならぬものによって新たに誕生し自我はかえって他者に対するが如き相貌を呈するのである。それは彼の意識を超え、了解を越していたであろう。彼の眸が夢みつつ、すべての上を安らかに浮動しつつ Schelling の語る、無意識に創造がなされた間、彼は神々に担われてあった。

ここに一つの小さな挿話が、その理解に役立つであろう。実現されないままにあった Michelangelo の「図書館の階段」の構想を Vasari は後になって、ある必要から彼に問い尋ねた。それに対して Michelangelo は次のように応えている。「私は私の心の中を夢の中でさがすように、さがしてみた。階段を、しかし、むかし私が考えたものと同じようなものはついに見つからなかった」と。

しかし、単に夢見つつ、夢遊病者の如くに創造は遂げられ得ない。堅固を極めた幾何学の氷の殿堂もその前にあっては、壊れ落ちねばならなかったほどの、完全に醒めたる、歴史的な眸が参与しなければならない。彼は Schelling の語る如く、「時間の中に生れ出た」限りまた「永遠の行」によって創造の端緒に達した限りにおいて、彼は一切の歴史の負荷を背負いつつ、それゆえに、——未来の空虚な暗に向かって——世界からの衝動に促され、世界史の深く傾向的なもの(Ranke)を身に受けねばならない。かくて、彼は、未来と過去を、現在の一点に賭けて決断へと強いられるのである。決断とは——第二の問であった所の——単なる我意の激発であることはできない。世界からの衝動に促されなければならない。過ぎ去るもののもはやなく、来るべきものの未だ来たらざる乏しき時間の内にあるがゆえに、彼はかえって世界史の深く傾向的なものを身に受けとるのである。かくして自我の底が破れて、かえって自我ならぬものから、新たなる、より高き自我は誕生し来るのである。この生誕の不安を身に受けること、それが決断であらねばならぬ。

Oskar Becker は『美の果無さと芸術家の冒険性——美的現象領域に於ける存在論的研究』と題する小論のなかに、この精神の瞬間を叙述している。それは、「精神が、歴史的の精神として自らが未来に於てあるだろうことを知っており、しかも原理的には彼自身がどうなるであろうかということを知らないことである。この空虚な「こと」は一方に於ては脅威の如きものであり、他方に於ては又創造的働きに対する鼓舞である。それは同時に「不安(Angst)」及び「決心(Entschlossenheit)」を条件づける。精神的人間が創造的となる所では、人間はその未来を予見しようとは試みない。寧ろ彼は新しきもの、「未曽有」のものを作り出す必然の前に立つ。——明日の芸術に於けるスタイルを嗅ぎつけるものは新聞記者《ジャーナリスト》である。それを創造するものは芸術家である。此の新しきものが何であり、如何にあるかは、前以て「知る」ことが出来ない。寧ろこれは創造的の働きが(そしてそれのみが)、それも自由に、初めて決定することである。創造的の働きは、その中に於ては何物も束縛することの出来ない未来の空虚な闇から、新しい形態を奪い取る。何物も、精神から、この生誕の不安と辛苦とを除去することが出来ない。未来の空虚な「こと(Dass)」の白紙性(tabla rasa)は、精神の自由にとって、決定的の条件である」と。

なおも、Michelangelo は一人の主観的芸術家と評し去られねばならないであろうか。彼の自我は高く彼の自我であったがゆえに、かえって存在の深淵から聞えてはこないであろうか。破壊の喧噪からも、建設の叫喚からも遠く、静寧に歴史が立ち停ったかに見えた時、彼の自我の内に、歴史の尖端の炎はもえ、歴史は窮極の、貴重なる一歩を上昇したことを想え。それは経験的実在的人間の自我とは同一でない。むしろそれは存在の根底にある唯一の自我であり、その写像において彼は新たなる存在を建設するのである。

結

Le Corbusier も今や Michelangelo と同じ時刻に生き、同じ歴史の使命を担うのである。

最近の彼の絵画を見る人は、そこに暗い陰の宿るのを見出されるであろう。

最高の使命のゆえに、壮大な孤独の中にあって、ただ一人変貌し、転身しつつ創造しゆく人、真に独創する人に見られるあの暗き悲哀をさえ、そこに見る心地がするのである。

最高の使命とは何であろう。

不等辺六角形のあたたかい卓子を囲んで坂倉氏は私達に語り聞かせるのである。Le Corbusier は今や現代の classic を創りつつあるのだ、と。

それゆえに、今、イタリアが一方に頽廃せる幾何学に凍結し、他方、ダダに堕ちんとしつつある時、北方が Aalto 等の営みにもかかわらず、常に北方の危険であった造型からの逸落の淵にさえ臨んでいる時に、Le Corbusier はただ一人、無限の進路を開きつつ、造型の公道を歩むのである。

明透と暗陰、悲哀と雄渾の不思議な結合の作品を見る時、南方の造型の意志の後裔をさえ Le Corbusier に感ずるのである。そうしてその孤独の営みを見る時、独創しつつ造型し続けることの、あまりにも悲痛さに心打たれるのである。私はその未熟をもわきまえず、いつか Le Corbusier について書きたいと思うのである。しかし、それを始める前に、その序説の意味をもつであろうこの稿を終ろうと思う。これも非常に圧縮された形の覚書に止るがゆえに、なお一層私の未熟をおおいかくせなかった多くの穽陥を行論に含んでいる。

（初出『現代建築』一九三九年一二月号）

現在日本において近代建築をいかに理解するか

——伝統の創造のために——

はじめに

編者から、〝近代建築と伝統〟という課題を与えられた。わたくしは、この問題を明らかにするには、まず、現在、日本において、近代建築をいかに理解すべきかということを考えなければならなかった。ここでは、伝統のことには、あまり触れないであろうが、しかし伝統の創造についての理解には役立つであろう。

ここでは建築の創造について語られている。しかし創造そのものについては、なにひとつ語られてはいない。むしろ、その創造を支えるものとしての、いくつかの基本的なコンセプションについて語られているにすぎないのである。

I　建築創造の素材としての生活機能

1　生活機能と生活感情――進歩と伝統

現在、日本の生活の現実は、かなり特殊なすがたとなっているといえるであろう。一方には資本主義による封建制の克復＝近代主義化が行われており。一方には資本主義から社会主義へのあゆみが進行しており。この二つのものの抵抗しあう交錯のなかに現実の生活は近代化へと動いていると言わなくてはならない。そのどちらの一方をとっても、それは現実ではあり得ない。素朴な近代主義、モダーニズムがとらえる生活の様相が現実でありえないと同じく、かつての素朴な社会主義的現実主義、ソシアリスト・リアリズムもまた現実ではありえないといいうるであろう。

近代主義の立場からは、生活機能の抽出分析にその重点がおかれ、そこに想定された機能が生活を規定するところの問題を起点としているのであり、その立場からは、機能はますます分化するものとされ、それに従って、生活空間はますます限定化されようとする傾向にあるが、しかしそこに考えられる生活は、現実の交錯的なすがたのなかから、近代主義化の方向だけが抽出されているといえるであろう。

ソシアリスト・リアリズムのとる立場は、またこれと異なったところで、同じく現実ではありえないといえるのである。ここでは、建築空間の表現にその重点がおかれ、それと民衆の生活感情との接触するところを問題の起点とするのであるが、そこに考えられている民衆、その生活感情のとらえ方には、現実からの大きなずれがある。とくに民衆の生活感情をある歴史的位置に固着させて考えようとする傾向は、しばしば、その表現を形式主義においこんでいるのである。

日本の場合、民衆の生活感情の反映としての建築などというとき、現実に存在している民衆は、一方において資本主義による近代主義化を受けており、その生活感情さらに美意識は、それによって現実に動かされており、さらに一方ではそれに抵抗する社会への意志が交錯しつつあるという動的なすがたで把えられる必要がある。しかし、多くの場合、理想像としての民衆がすでに存在しているかのように把えられていがちである。もし現実の民衆が、そのような理想像としてえがかれた民衆そのものであるとするならば、民衆にアピールするコマーシャルなものこそ、すぐれて民衆的なものといわねばならないであろう。

このことは、今、ソ連がとっているかたちを考えれば明らかになるであろう。この手工業的表現をとった様式的建築は、かりに民衆の消費材が、まだことごとく手工的段階であった革命の時期に即していえば、民衆にとって現実的であったはずである。だから革命の時期に、国際建築様式をとり入れながら、ただちにそれを捨てたということは、現実的政策であったといいうるであろう。しかし、いま、ソ連が自らいっているように、その生産力水準が、民衆の消費水準を高め、ソ連の機械生産が、消費材生産にまでふりむけられつつある現実のなかでは、その様式的建築がその手段がいかに機械化されようとも、その表現において手工的であるかぎり民衆の生活感情に則して考えるならば、現実から遊離せざるを得なくなるであろう。民衆の生活感情を、ある歴史的位置に固着させて、考え、それを動的な発展としてみないところに、現実からの遊離があると思うのである。

現実の生活は、進歩と伝統との抵抗発展として動的である。建築はまたそのような生活の表現であるであろう。しかしそこに表現された建築空間はそのような現実にただちに一義的に結びつくものではない。生活機能——建築空間——生活感情——生活機能という環のなかには、どれを起点としても考えることのできない動的な結びつきがあるのである。このように考える立場からは、また空間のもつ、永遠性、無限定性が強く求められている、といってよいであろう。

2　内部機能と外部機能――私的なものと社会的なもの

わたくし達の現実の生活のなかには、また私的＝経済的立場と、社会的立場とが抵抗しつつ交錯しているのである。しかもそれが、それぞれに理想像として存在しているのではなく、交錯しているのが現実であろう。

建築に即して考えてゆくとき、内部機能と外部機能とでも呼びたいものを認めないわけにはゆかない。ここでは、人間の生物学的機能については、それはもはや自明のこととしてあまり触れないつもりである。

そうして、内部機能のなかに私的なもの、あるいは私的経済的な立場からする機能を考え、外部機能を社会的立場からするものと考えて、このようなことばを使いたいと思う。わたくしが、いままで「建築には都市計画の立場が内在しなければならない」とか、私的空間と社会的空間とか、私的尺度と社会的尺度とかいうことばを使ってきたのは、漠然とではあるが、これらの意味を含んでいたのである。

この内部機能だけから建築を組立て、あるいは理解するということは、もはや、ほとんど不可能になっているといってよい。素朴な機能主義の立場は、この内部機能そのもののありのままの表現が建築であると考えていた。

わたくしは、むしろこの内部機能と外部機能との接触するところに、建築空間の表現があると考えたいのである。

近代建築のファッサードの問題とか、ピロッティのことは、またこの二つのものが具体的に接触するところの問題として、今ここに論じようとしている外部機能＝内部機能の性格を明らかにするきわめてすぐれた例証であろう。この問題にも、機能の側面からと、表現の側面からの見方があるであろうが、ここでは主として、機能に即してかんがえてみたいと思う。そのためにここではピロッティを例証としてかんがえてみたいのである。

わたくしは、若い学生から、ピロッティがいかに機能主義に反するか、その経済に反するかを批難の目をもって質されたことが、しばしばあった。今ではそのような質問をする人は少なくなったとはいえ、この私的経済的＝機能主義が、かなり広い層に存在しているという事実を否定することはできない。

ル・コルビジェが生物学的効用の立場から、予言的に提示したピロッティを、より社会的なものへの意志として受けとり発展させなくてはならない。それは内と外とが接触する場面として、社会的接触の空間であり、また、その表現において、社会的連帯の表現でなければならない。それがもし、認められないとき、ピロッティは再び単なるオーダーとして形式化されてしまうであろうし、すでにオーダーとして形式化された新式銀行建築などが、街に現われているところである。

建築空間は、このように内部機能と外部機能の接触する場面として考えられねばならない。

註　研究室のチームはこの問題について、わたしも加わり、あるときはわたしとは独立に討議した。それは別稿として発表されている。

Ⅱ　空間における限定と無限定

──「はじめに機能がある」と「はじめに空間がある」──

生活を伝統と進歩との、私的なものと社会的なものとの交錯した抵抗的な発展として、動的に見る立場からすれば、空間における限定性と無限定性、同時性と永遠性の問題に目を向けなければならないであろう。

生活を進歩の、あるいは近代主義化の一すじのものと抽象し、そこに現われる生活機能の分化を生活そのものと考え、それにそって生活空間をますます限定化してゆこうとする傾向は、またそこには、内部機能の素朴な表現がともなっていることが多いのであるが、素朴な近代主義＝機能主義のなかに、きわめて濃く、あらわれているところである。とくにその限定された空間の結合の仕方のなかには、偶然的なものが、普遍的なものと同時に現われがちである。

これらのことは一般の建築についても、いいうるところであるが、住居のなかには、これが、むしろ意識化されて現われている。

わたくしが池辺陽《きよし》氏の住居をつねに高く評価していることに変りはないのであるが、とくに初期の氏の作品のなかには、この傾向が意識的にとりあげられているように思われる。しかし氏の住居の追求の過程を見ると、あきらかにこれと相反する傾向がひそんでいるように思われる。それは、機能分化から空間の限定化、それの結合の仕方における普遍的なものの追求、その究極としての空間の無限定化、という限定＝無限定の輪が成立しはじめているということであって、そこにわたくしはもっとも大きな期待をよせているのである。

過去の、住居、とくに農家や町屋にあらわれたすぐれた典型となった住居の伝統のなかには、この空間の限定性＝無限定性が、たくみな輪となって、生活を包容していたことがよくわかるだろう。

このような空間はまた、日本のその時代の技術的な手段によって――木、紙といった材料や、そこに施された手工によって――見事な、無限定性の表現にまで高められたのである。

かつて、このような住居を、浜口ミホ氏は封建的と呼ばれた。わたくしは、それはその中で行われていた生活機能の、また生活意識の封建性であって、その生活空間そのものが、一義的に封建的であるのではないと考えたいのである。わたくしの考えを先取的にいうならば、機能と空間の対応は一義的であるのではないのである。

このような日本の伝統的な住居のもつ無限定な空間のなかに、近代的生活を包容させようとする試みが、清家清氏の住居追求の立場であろう、とわたくしは理解し、またそのような追求を高く評価しているのである。その後の氏の住居追求の過程のなかに、これに反して、限定化への強い傾向が見えはじめていることは、限定＝無限定の空間の模索のひとつの過程として理解すべきなのであろうか。わたくしは、ともあれ、その見事な統一が現われることを期待したいのである。

ミースの場合、この無限定性の空間の追求が、さらに透徹した意識によって行われている。彼にとっては、はじめに空間があり、機能はそのなかに消化されるべきものなのである。彼はこのような空間を、鉄とコンクリートとガラスで組立てる。それが、教会においても、アパートにおいても、学校にあっても、さらに彼の影響下にある人たちによるオフィスにあっても、すべて同じく建築一般という表現に、美事に晶化しているのである。そこでは、あらゆる偶然なものが排除されて、普遍なもののみが追求されている。彼にあっては、学校であること、オフィスであること、そのことさえ偶然なものであるかに見える。

「はじめに機能がある」とする立場と「はじめに空間がある」とする立場は、一見全く相反したもののように思われる。

この「はじめに機能がある」とする見方は、認識として本質的であり、また「はじめに空間がある」とすることは、原始的本能的に根源的である。素朴な機能主義の立場からは見失われていた、この「はじめに空間がある」とする根源的なとらえかたは、ふたたびよびさまされる必要がある。

空間は本来、限定性と無限定性の統一である。また生活も、認識としては機能であり、またその分化が考えられるが、実在としては動的である。それは、すでにいったように抵抗的交錯として動的であり、また生物学的に流動である。

このような、建築空間と生活機能の対応が、建築創造の課題であるというのである。わたくしは、建築創造の立場から、この二つの、空間と機能とは、互に対応すべきものでありながら、しかも決して一義的に対応しないものであり、それぞれが独立に、本質的であり、根源的であると考えたいのである。

そうして「はじめに機能がある」立場と、「はじめに空間がある」立場とは、建築創造においてはじめてひとつのものなのである。

註　研究室のチームは、この問題についても私たちの作品を通じて討議した。それはあるときは、私も加わり、またあるときは私と独立に行われた。その報告は別稿として発表されている。

Ⅲ　建築創造の手段としての技術——機械と手

機能と空間との対応に建築創造の課題があるとみたのであるが、その創造の核心にふれるためには、表現の問題に至らなければならない。しかし、その前に、表現の手段としての技術の問題を素通りすることはできないであろう。

このことについて、わたくしは、機械と手の葛藤として、読売新聞紙上で考えたことがある。そこにさかのぼることを許していただきたい。

「住居は、住むための機械である」という有名なコルビジェの宣言は、その重点が「人間」が住むことにおかれているのか、「機械」におかれているのか、恐らくニューアンスに富んだものにちがいない。しかし、建築を機械のように、という考えは、少なくとも二〇年前のヨーロッパの近代建築家たちが、国際建築運動として、展開してきた活動のひとつの目標であったことにはまちがいはない。そうしてこのヨーロッパの市街をうめつくしている一八世紀以来の愚にもつかない建築が伝統になり切っているなかでは、近代建築家たちが、強い語調で、建築の機械化を叫ばなければならなかったことも、ヨーロッパの土地をふんでみて、はじめて、わたくしにはよくわかる。

それから二〇年後、この近代建築が掲げてきた目標は、ヨーロッパをはるかにこえた、高い生産力の水準をもつアメリカですくすくと実りはじめたのである。

ヨーロッパは考えはじめた。――だがしかし、建築は「機械」のようには創られない。建築が芸術であるかぎり、「手」が必要である。芸術家の「手」によってはぐくまれてきた伝統が必要である、――と。

パリーで画家の硲《はざま》伊之助さんに連れられて、アンリ・マチスを訪ねた。わたくしは、あのヴァンスの教会の建築を、マチスがどういう風に創りだしていったのかを聞きたかったのである。マチスは珍らしく建築の話をし続けた。

――わたくしは、わたくしのサンチマンをわたくしのこの手で表現したのです。建築家たちが頭脳と機械で作るところを、わたくしは、サンチマンと手で創ったのです。——ル・コルビジェもわたくしの教会を見にきました。そうして、わたくしが「手」で建築を創っているということを非常に羨ましがっていました。——

マチスは創造する人としては、このサンチマンと「手」にたよっている。しかし一面、見る人としては機械の無限の力に感動する。

——わたくしは、ニューヨークに行ったことがあります。わたくしはあの摩天楼に感動しました。あれはすばらしいものです。あのマンハッタンに比べると、このパリーはこんなにペシャンコな力のないものに見えました。

いま、ヨーロッパの近代建築が直面している二つの極、「機械」と「手」いいかえれば進歩と伝統を、彼はなんの矛盾を感じることもなくもっている。

わたくしは、数日前、マルセイユにいま建造中のル・コルビジェの総合住居を前川国男さんと見てきたところであった。

正直にいって、ヨーロッパのあの愚にもつかない一八世紀以来の折衷主義の建築や、まねごとの近代建築でうんざりしていたわたくしは、はじめて感動した。それはちょうど、ゴシックの伽藍で受けた感動に似ていた。それは悲壮な響をさえ、たたえていた。

この建築には、しかし、非常に大きな矛盾や問題をもっているように思われる。この建築がはじめられてから、もう四年にもなるがまだ八分通り進行しているに過ぎない。あと完成までには一、二年はかかるだろう。その設計が始められてからすでに今までで六年か七年にもなるだろう。

この渋滞は、予算がしだいに超過してきたこと、それに対する政府予算の問題にもよることであろう。しかし、わたくしには、これはヨーロッパの現状況の矛盾のうえにあるように思われるのである。当初の設計の意図は機械生産の方向で進められていた。それは建設費を安くし、建設期間を短縮するはずであった。しかしヨーロッパの低い建築技術の水準はこれを許さない。予定された建設費は、しだいに超過してゆくばかりであった。

建物に近づいてみると、そこには機械で作られたものがもっている均一、正確、小ぎれいさ、はみじんも見出せない。そこには手でこねあげたような粗放さがあるだけである。

この六年のあいだ、恐らくコルビジェのなかでは「機械」と「手」で表徴される、ヨーロッパの頭脳と感性との、進歩と伝統との葛藤が行われてきたにちがいない。悲壮なまでに高い響でわたくしを感動させたのは、この葛藤にあったのだろうか。

ともあれ、わたくしには、これは、ヨーロッパの生んだ近代建築の極致であるように思われる。

それだけに、ここには危険がある。機械による技術的前進から、手による感性的直観へ、それはいま一歩で伝統への観念的後退なのである。ヨーロッパにはこの危険がありありと見える。伝統は内から創造されるものである。しかしこのヨーロッパには、――とくにここのパリーでは――その内からの力に欠けているように思われる。伝統はしだいに日常のなかに消費されてゆくであろう。

――ひとつひとつの建物を取りだしてみると、どれもこれもつまらぬものであった――というマチスを、しかも感動させたニューヨークの街。この機械の無限の力が、やはり近代建築を創造しつづける力ではないだろうか。（以上昭和二六年九月三日付読売新聞より）

わたくしは、そのあと、アメリカでは感動させられるものには出合わせなかった。しかし少なくとも建築に関するかぎり、アメリカが機械を人間のものとして使い馴らしうるであろうという予感と希望をもつことができた。

その後、ミースのレークショアドライブのガラスのアパートが紹介された。わたくしは、詩が、機械を見事に晶化させている姿に、打たれた。これは、アメリカの生んだ類まれな詩であるだろう。しかし、このような冷徹な詩に耐えうる強靭な精神が、はたしてアメリカに存在しているのだろうか。

これはアメリカの精神に強いショックを与え、それを高めるのに役立つであろう。しかし同時に、これらの精神は逆にこの建築、この作者、そうしてアメリカ建築に何らかの抵抗を与えるであろう。

建築における機械と手との交錯の濃度は、技術の水準によって定められるであろう。しかし、それればかりでなく、その表現が人間精神に与えるショックとそこからの抵抗によって、また動かされるであろう。人間精神の、また生活感情における、古きものと新しきものの抵抗的発展ということが、ここでもいいうるであろう。

グロピウスは日本旅行を了えたあと、ハーバードで彼の日本建築観を講演した。そこで彼は次のようなことを述べている。――現在の日本は、まだその機械生産を自らの現実で消化していない、――と。日本の問題は、グロピウスの問題ではなく、わたくし達自身の問題である。

しかしこのことについて考えるためには、わたくしは、手段のことから表現の問題に移らなければならない。

Ⅳ　機能―空間―表現

――美しきもののみ機能的である――

機能的なものは美しい、という素朴なしかも魅惑的なこのことばほど、罪ふかいものはない。これは多くの気の弱い建築家たちを、技術至上主義の狭い道に迷いこませ、彼等がふたたび希望にみちた建築に帰ってくることを不可能にしてしまうに充分であった。彼等は「美しい」ということばを、ひそひそとは語ったが、堂々とそれについて語ることを躊躇した。機能的であることを主張して、その建築の醜悪さをかばった。そのことばには何かしら、安心感を与える魔力があったのである。

何か美しいもの、ゆたかなもの、そうして精神をゆすぶるもの、にあこがれて、建築の門に入った若い学生たちも、卒業してゆくときには、すでに「美しさ」について語ることはタブーであるかのように、口をつむって、その門を出てゆくのである。

人の肉体を心地よくさせ、目を見はらせ、そうして精神を感動させる「美しさ」に背を向けているかぎり、彼等は人間に背を向けていたのである。

パルテノンも、伊勢も、そうして法隆寺も、それらは人間のものではなく、神々のものであったとレッテルを貼るだけでは、建築は理解されない。それらは、「美しさ」のゆえにすべての人間のものであったし、またあるのである。禅はその意味をことごとく「美しさ」に表現しつくしているのである。禅が異邦人であるグロピウスを感動させたのは、彼がその哲理を理解したからではない。その簡素なきびしい美しさに打たれて、その哲理に味到したからなのである。

ある人は、この今の日本で、美は悪であるという。たしかに、そのような面がないとはいい切れないものがあるであろう。しかし、だからといって、生活機能と対応する建築空間が美しいものでなければならず、その美しさを通じてのみ、建築空間が、機能を人間に伝えることができる、ということを否定しうるものではない。このような意味において、「美しき」もののみ機能的である、といいうるのである。

住居の六帖の空間をとっても、このことは同じでなければならない。肉体を心地よくさせ、精神をさわやかにする六帖も、それらをいらだたせ、不快にする六帖もありうるのである。

いかに高邁な社会的機能をピロッティに与えたといっても、そこが、じめじめとして陰鬱であり、不潔であるならば、それはピロッティではない。そこが、ピロッティのもつ意味をつたえて、何か精神を打ち、肉体を動かすものをもっていなければならないのである。それは社会的連帯の表現として、ピロッティでなければならない。ピロッティは、壁のもつ疎外的な表現から開放されて、軽々と、また力強く、上部構造を支えるという形態の均衡の美しさにあるのであるが、これはまたピロッティの社会的意味と対応するところのものなのである。

ここで、わたくしは、建築の表現の問題にふれようとしたのであるが、ファッサードはこれのすぐれた問題点を含んでいるであろう。これは、また内部機能と外部機能の境界の問題として、すでにふれたところである。

ファッサードが美しくなければならないこと、だが、素朴な機能主義は、この美の問題を意識的に取上げなかったということ、それを指摘したことは、ソシアリスト・リアリズムの功績であったといわなければならない。そうして、それが民衆に何かを訴えなければならない点を強調したことは、正しい指摘であった。

では民衆は、どのような美しさに強く打たれ、またどのようなものに抵抗するのであろうか。ソシアリスト・リアリズムの指摘の正しさにもかかわらず、この点で過ちをおかしているように思われる。

レバーブラザーズハウスと、モスコウ大学のいずれに民衆は打たれるのであろうか。ファッサードの全面にガラスを採用した建築について機能主義者は次のように主張している。居住者に自然の光をふんだんに与えるヒューマニステックな性格をもったものであると、これにたいしてソシアリスト・リアリズムの信奉者は、それが〝ドルもうけ〟の手段であって、ブルジョワ的であると反撃している。いかにも〝ドルのもうからぬ〟うす暗い建物が民衆的であるとでも、いいたげである。つねにこのように問題の核心からそれた論議しか行われていないといってよい。

かつて、パリー市民は、ユネスコ本部の建設にあたって、その機能主義的建築に強い反対の意志を示した。ソシアリスト・リアリズムはこの例証をとらえて、民衆は機能主義的建築に抵抗している、と一般的な答えを出すのである。過去の――一八世紀の折衷主義の――遺産と伝統とを消費することによって、生きているパリー市民が新しきものに抵抗するのは当然のことである。しかし問題は、この現実が、フランス国民一般にもあてはめることはできないし、またこれが、ニューヨーク市民の現実でもありえないということである。また日本の民衆の現実でもありえないのである。それらは、それぞれに固有に、新しきものと古きものの抵抗的発展の段階をもっているということである。

このような核心をそらされた討論からは、人間精神を打つような「美しさ」とは何であるかを見出すことは、できないであろう。

おわりに

いままでに、生活機能を、近代的なものと伝統的なものの交錯する動的なものとみ、また、建築空間の表現の手段としての技術にも、近代的伝統的交錯があることをみてきた。そうして創られた空間あるいは建築は、生活の動的なすがたと対応しながら、それが一義的な対応ではなく、それ固有の表現をもつものであることをみた。さらにその表現は「美しき」ものとして人間にふたたび帰ってゆくべきものであることを指摘した。

しかし、ここで終るのではない。人間はその表現に同化し、あるいは抵抗しながら、また自らの生活を、そうして生活感情をつねに形成してゆくという動的なものであるという広汎な環――いわゆる上部構造と下部構造との環――のなかの、一つとして閉じているのである。

進歩への意志のないところでは、古きものは古きものとして生命を失うであろう。しかし新しきもののみではまた、強く人間精神の抵抗にあって、かえって人間のものとなることをさまたげられるのである。

その濃度を決定するものは、だれなのであろうか。

それは民衆でも、世論調査所でもなく、建築家の実践的な責任にかかっているのである。しかし、建築家が、それを一人の、そうして一回の試行によって探求しうるものではない。

建築家は、環のなかに入った、体験者であり、同時に、自らの責任において、環の外にたった創造者でなければならない。西山夘三氏のいわれるような立場からは、氏のいう民衆の建築の創造も不可能であろう。自己をすてて、現実に密着することは必要であろう。しかしそれだけでは何らの創造もありえない。建築家は同時に自己の責任において創造者として、外から現実に衝撃を与えるものでなければならない。

わたくしは、このような建築家の実践を通じて、われわれの建築における伝統の創造がおこなわれうると思っている。そうしてまた、近代建築における伝統は、——しばしば逃避的に言われてきたように——その精神にあるのではなく、その表現において、近代的なものと伝統的なものの交錯のなかから、建築家の実践が創造してゆくものであると思うのである。

（初出『新建築』一九五五年一月号）

現代建築の創造と日本建築の伝統

1　建築の創造を支えるもの

a　現実認識としての建築創造

建築の創造は現実の認識の一つの特殊な形態である。それは物質的用役を建設することによって現実に働きかけ、それを改造してゆくものであり、またその芸術的な形象は、現実を反映しつつ、さらにそれを豊かにしてゆくという複雑なかたちをもったものである。このような建築の創造をつうじて行われる現実の認識は、現実の構造を、その土台と上部の統一において捉えることを必要としている。

このことは、建築がこの現実の構造の土台であるとともに、上部を形成するものであるということ、また、建築が機能的なものと表現的なものとを併せてもっていることとも対応するものである。この矛盾にみちたもの、機能的なものと表現的なもの、あるいは、内容と形式——それらはそれぞれに固有の原理をもつ本質的なものであるが——、それを統一にもたらすこと、そのことが、建築の創造そのものであるといってよい。そうしてこのような建築の創造は、現実の構造の土台と上部を概念的に分析することから得られるものではなく、それを形象的に統一することによって行われるのである。

しかし、この自明のことが、つねに正しく行われたり、理解されていたとはいえないのである。

一九世紀の観念論美学は、建築の価値をこの表現的なものにおいて、その機能的なものを過小評価した。功利的な合理主義の立場は、建築の機能的な側面を強調して、表現的なものの価値を過小評価することによって観念論美学に挑戦した。それに続く素朴な機能主義の立場は、この機能的なものと表現的なもの、物質的なものと芸術的なものを、自動的に、無媒介に結びつけてしまった。機能的なものは美しいという安易な芸術論は、戦闘的なテーゼとしての役割は果したのであったが、現代的課題をになうテーゼとしての価値を失っていった。

これと対決をいどんだ社会主義リアリズムの陣営では——内容において社会主義的、

形式において民族主義的——というテーゼを打ちたてて、この機能的なものと表現的なものとの野合を試みたが、これは装飾過多の形式主義におちいってしまったものである。建築はこのような一面性の抽象からも、またその二面性の野合からも、決して正しくは理解されない。この矛盾にみちたもの——機能と表現——の統一の過程が建築の創造そのものである、ということをつねに強く自覚する必要がある。その創造的統一を可能にするためには、現実の認識において、その土台と上部を、その展開しつつある全体像において捉えることを必要としているのである。

しかし、この現実は、生産的労働により、また芸術的創造によって、不断に新しく獲得されてゆくものである。現実の認識とは、現実の現象のありのままの反映ではなく、獲得しつつある現実の反映である。このような現実の認識は、まずはじめに、私たちに思想として、また世界観として反映される。そこから、私たちの日々の実践における現実との対決の姿勢が——それはまた創造の姿勢となるのであるが——現われてくる。

私たちの現代のこの日本の現実は、歴史的・世界的現実のなかにあるとともに、また日本の伝統によって特殊化されたものである。

この現実に生き、新しく現実を獲得しようとする前進的な立場にたつとき、はじめて伝統を自覚することができる。伝統はもっとも現代的な課題をもつときにのみ、はじめてその現存を自覚することができる。そうでないとき伝統は遺産として単に歴史的なものにすぎず、また慣習として無自覚なものにすぎない。前進的な立場にたつもののみが、このように伝統を現存するものとして自覚し、それと対決し、それを克服してゆくことができる。これはたんなる未来像を描くことでもなく、また過去に宿命的にかかわりあうことでもなく、過去と未来とを創造的に橋かけるという、もっとも現代的な課題を自覚することである。

b　現実を建築創造の場で捉えること

私たちの現実認識はまず思想として、世界観として反映されるといったが、それはまた政治的なものと無縁ではない。建築はつねにこの現実の政治的な問題を反映し、また問題を投げかけるものであることを否定することはできない。住宅問題といい、都市問題といい、それらは政治的な問題性を含んでいることを否定してはいけない。このような生産的・機械的側面に問題性をもつばかりではなく、その表現の形式が政治的なものと深いかかわりあいをもつことも、歴史的に見るとき見落してはいけないのである。しかしだからといって、政治的に行動することが建築家の立場ではない。建築的に行動すること、建築の創造を通じて現実を反映し、それに働きかけること、これが建築家の立場である。

私たちはこの現実を、建築の内部において捉えなければならない。現実は私達の外部にあるものであるが、それは私達の内部に反映されてあるものである。この内部にある現実というものは、建築の創造の方法を媒介として形象化されてあるものである。現実を建築の場で認識するということは、この創造の方法を通して行われるものであり、またこの方法をより豊かにすることによって、この認識はますます深められてゆくものである。

私たちは、この建築の創造の方法によって形象化されたイメージ、内部にある現実をもって外部の現実を見、また働きかけることによってはじめて外部に肉迫してゆくことができる。

この方法は現実のなかから生れてくるものであるが、いちど生れた方法は、その特性と固有性をもって成長することができる。しかしまた、その方法は、それをもって外部の現実にぶっつかることによって、それ自身を変革し、豊かにしてゆくものである。

このように、内部を外部にぶっつけあうことによって、この内部と外部の創造的統一、いいかえれば、内的なイメージと外的現実との創造的統一が可能になる。これが建築の創造の論理である。

このような場合、私たちは建築家という特殊性を通じて、民衆的なものの本質にも肉迫することができるのである。このことは私たちが、この現実のなかに生きており、また民衆の一人として創造的に生きているということを否定するものではない。むしろ建築創造の場においてみるとき、私たち建築家を民衆一般におきかえてしまい、また私たちの内部の現実を、現実一般におきかえてしまうことは、建築家としての責任の放棄であるばかりでなく、建築創造の否定となるのである。

2　創造の姿勢

a　伝統の自覚と克服

私たちがこの日本の現実に生き、それを克服する前進的な姿勢で創造に立ち向かうとき、日本の伝統が自覚されてくる。それは私たちの生きる姿勢、また創造の姿勢のなかに無自覚にあるところのものを、現存として自覚することである。それは歴史的世界を対象的に見ることによって、さらにその自覚を深めることができる。伝統も外部にあるものであるとともに、内部に現存しているところのものである。伝統の克服などというとき、それは外部にあるものの克服であるとともに、むしろ内部にあるもの、自己の克服なのである。

日本の前歴史時代のものとして、私たちに残されているものに、縄紋土器がある。ここには自然との奔放な戦いのなかから生れてくるような、量感にあふれた強靭な意欲と、自由で敏捷な感受性が現われている。この伝統は私たちに到達するずっと以前、狩猟の段階から水田農耕の定住の時代に入ったところで、断ち切られているように想われる。私には何故であるか判らないし、西欧では、これと併行する歴史的過程で、全く消え去っていないもののように思われるからである。定住の始まる弥生の時代には悟性的かげが現われてくるが、十分に成熟しないまま次の古墳時代に引きつがれてゆく。この時代は、人間集団のなかに個性的なもの、人格的なものが萌芽的に現われ、また民族の形成が行われてゆく英雄時代である。私たちはその英雄たちの古墳を知っている。

またそこに捧げられた埴輪をもっている。この埴輪に見られる素朴さ、楽天性は、自然や外界の克服といった積極的な意欲を失って、外界をあるがままに、直接的に肯定し、妥協するという認識の姿勢のあらわれであって、しかもその人間と自然、自己と外界との統一を支えているのはアニミズム的・神性的なものであるといってよい。それは古墳においてもっとあきらかに現われている。これはエジプトのピラミッドに匹敵する平面的な規模をもったモニュメントであるが、しかしその形象は堀をめぐらされた自然の島のように見える。自然そのものを肯定的に神性化するアニミズムのあらわれであるといえるであろう。

ここにはピラミッドがもっているような、自然の中に反自然を対決させ、また自然に対する人間の力を表示する、といった抵抗的な意欲と姿勢は全くもっていないのである。英雄的な民族から専制的な国家が生れ出ようとする社会的変革のモニュメントとして、私たちは伊勢神宮というもっとも典型的な建築遺産をもっている。

それについて考える場合、日本の住居の系譜にふれる必要があるだろう。ここには二つの源流があるように思われる。一つは竪穴式住居であり、それは縄紋の時代からのものと考えられる。そうして高床の切妻型の住居は弥生の時代に現われ、この二つの形式は主として竪穴式のものが下層農民層のなかで発展させられ、高床式のものが上層貴族のなかで承けつがれたと考えられる。この伊勢の正殿の形象化は、この高床式・上層貴族の住宅の神格化であったといえるであろう。この表現には素朴ではあるが力強い、簡潔ではあるが格式の高い、そうして静寂ではあるが、暗いカゲリが現われている。

私たちがこのことをさらに深く自覚するためには、ギリシャとの比較が役立つであろう。ギリシャにおいて、同じように英雄的なものから国家的なものが生れてゆく社会的変革の過程で、その英雄たちに捧げられたギリシャ神殿、とくにその典型的なものとしてアクロポリスにたつパルテノンが対置されるであろう。

伊勢の鬱蒼とした森、その静寂さには私たちの襟を正させるような神聖なものが宿っている。これはほとんど自然そのものといってよい森であるが、しかしこれはあざやかな、アニミズムの形象化であるといってよいだろう。そうしてこのアニミズムは私たちのなかに、無自覚に、まだいまでも生きのこっていることに気づくのである。この森の奥深くに、四重の垣がめぐらされた神聖な場所がある。そこに私たちの近づくことのできない正殿がある。この正殿はまた私たちを感動させずにはおかないすばらしいものであるが、その感動の底には何か、ディオニュソス的なカゲリが秘められている。

地中海と太陽とに対決してたっているアクロポリス、それは自然の丘でありながら、しかも人間が建設したように形象化されている。ここには自然を克服しようとする意志的なものが感じられる。そうして、その上に立つパルテノンの明朗さの中には、自然を克服したものの力の意識と栄光の自覚とが輝いているように思われる。

このような比較は、日本の古代は、主情的消極的な姿勢からでてくる叙情詩しかもっておらず、能動的な実証的なものとしての叙事詩は成立しなかったのであるが、これがギリシャにおいては十分に成熟し高い芸術性を獲得していることにも対置されるであろう。

この英雄的なものから国家的なものの成立の時期、この悲劇時代にギリシャ人たちは、自然の底にうごめくディオニュソス的な暗さを、能動的な姿勢で克服し、それをアポロ的な栄光に輝くものに変革してゆくことができたのである。それはまた国家を、民主的な、さらに——芸術品としての国家——に高めたというそのことに無縁ではないのである。

そして、日本古代においてはアニミズムのカゲリをもったディオニュソス的なものを十分に克服することなく、消極的な姿勢において、内向的な、静寂と陰影をふくんだ

〝みやび〟をしか展開しえなかった社会的現実とが対置されるであろう。

そうしてディオニュソス的なものから一方ではアポロ的なものへ、他方は〝みやび〟へと展開してゆくのである。

このような消極的な姿勢は、また技術の停滞として反映されてゆく。アジア大陸の仏教の影響下に、法隆寺・東大寺などの歴史的遺産が建設されたが、大陸からの技術的成果も、横に広がってゆくことなく、仏寺の建築に適用されるだけに止った。

この技術の停滞は、生産力の絶対的低さや、富の蓄積の貧しさからくるものであるとしても、しかしそれはまた、日本人のこの現実認識における情意性や、自然認識における消極性といった弱い姿勢からきているものであって、ただ木に頼るという技術的態度は、近代にいたる永い世紀のあいだ繰り返され、その間に、土や石を開拓するという試みは一度も行われなかったのである。

建築の技術の歴史は、空間を克服する基本であるスパンする技術との格闘の歴史であるが、日本では伊勢によって獲得された柱‐梁というもっとも素朴な形式を決して発展させることがなく、アーチ、ボールト、トラスへの発展は全くなかったのである。

この技術の停滞は、生活の多様な展開に対応してゆくことができなかったのである。

建物は横に細長く延びてゆくか、あるいは建物の主構造から張り出された庇としてしか外延してゆくことができず、しだいに奥行の観念、ヴォリュームの観念を失ってゆくのである。生活の展開に対応して、つねに新しい技術を開拓しながら、新しい空間を自然のなかから獲得してゆくことをしないで、ただ外延的に自然のなかに空間を求めていったのである。

たとえば、ゴシックが獲得した空間、新しい技術をもって自然と対決するような空間、これを人間が自然から獲得した空間と呼ぶならば、日本建築における空間は、自然から与えられた空間ということができるだろう。比喩的にいうならば、日本建築の空間は平面的空間、あるいは二次元的空間であるといってもよいであろう。自然そのもののなかにある空間を平面的に区切っていった空間であって、ゴシックの空間のように統一的に把握され、獲得された空間、三次元的空間ではないといえるのである。

この平安の貴族社会に定形化された寝殿造りと呼ばれる住居建築は、伊勢において見られた技術から一歩も発展することなく、ただその創造の姿勢とその表現において、風雅なみやびの性格を帯びて、繊細になり、技巧的になったものにすぎない。技術の停滞はつねに技巧的なものへの関心をうながすのである。

この寝殿造りというのは、日本の古代都市のグリッドに従って、垣をめぐらされた広大な敷地のなかに配置された貴族住宅の形式である。

中央に寝殿と呼ばれる主屋がある。これは奥行二スパンの一つの完結した切妻屋根をもった中心部の外周に廂がとりまいているものである。この主な屋根と庇の下の空間は、固定した間仕切がなく、几帳で自由に仕切られるようになった開放的な空間であり、周囲には蔀《しとみ》と呼ばれる木製の扉があり、これは上部のヒンジで廻転できるようになったもので、おそらく冬の夜か嵐の日以外は、その扉は下ろされなかったものである。だからこの室内はたんなる covered space にすぎなかったのである。

その主屋の左右に副屋が渡廊下で結ばれており、それぞれの副屋からは廊を南に出してその南端に釣殿がある。庭には池を掘り、中島が設けてあり、釣殿がこの池に張り出している。そうしてこの釣殿や、また池に浮べた舟では、花を賞で、月を観、雪を楽しむ詩歌管絃の宴が張られたのである。

ここでは建築が開放的であるばかりでなく、その配置も庭に延びて、建築と庭とは全く一つに融け合っている。自然と建築との融合というもっとも日本的な性格の一つを示すものである。

しかし、このような性格は、一般にいわれているように、美しい四季の変化に富んだ自然を愛する日本人の心のあらわれであるといわれるのであろうが、はたして、そのような自然観を支えているものは何であろうか。

それは、人間の労働によって克服してゆく対象としての自然、そのような自然にたいする人間の主体的認識からくるものではなく、自然にたいする消極的な観照からきているものである。この寝殿造りに見られた自然とは、そのような姿勢によって観照される自然であるばかりではなく、厳重な垣によって切りとられ、技巧的に設定された自然である。ここには自然の多様性はなく、類型化されたものがあるにすぎない。季節感も、自然に対する能動的な働きかけからくる実感ではなく、月、雪、花、鳥などによって象徴されるような、類型化された観照の対象からくるのである。和歌の主題にとってもっとも主要な要素である季節の認識はこのようなものであった。

これは人間の建設的な力と自然との間の対決から生れる、人間の主体的な姿勢によって支えられたものではなく、自然へのよりかかりであり、また沈潜である。

自然観におけるこのような姿勢は、この現実世界にたいする認識においても現われてくる。貴族社会の停滞にたいしてもこれを打ち破ろうとする積極的姿勢においてでなく、この現実から、抽象的に自己のなかに設立した小宇宙に逃げこみ、ただ外界や自然を自己の主情や感性の反映として見るのである。このような認識あるいは創造の姿勢を〝もののあわれ〟と呼ぶことができる。源氏物語における、この〝もののあわれ〟の世界は、それの芸術的な高さにもかかわらず、このような限界をもつものであることを自覚しなければならない。

日本建築と対置される自然とは、このような姿勢で観賞される自然であり、それは現実に働きかけることによって認識される自然ではない。それは技巧的に、類型的に設定された箱庭的自然である。

日本建築の開放性とは、このような自然、このような箱庭に向かっての開放性であって、自然そのものへの開放でもなく社会に向かった開放でもない。それを私的な開放性と呼んでいいとすれば、それはヨーロッパにおけるアゴラやピァッツアがもった社会的開放性と対照をなすであろう。

私は、建築と庭とが一つに融け合うことの意義を否定しているのでは決してない。しかし、日本建築が獲得した開放性には、このような限界があるということを、ここで強く自覚しないかぎり、この開放性は私たちの伝統として発展的に継承されることはできないのである。

このようにアニミズム——もののあわれの途をたどってきた創造の姿勢とその表現——は、さらに中世に入って〝すき〟——〝さび〟への途を歩んでゆくのである。

私たちはこの時期に、鎌倉・室町を経て、桃山の時期に定形化された書院造りの住居形式をもっている。これは下層武士のあいだの農家風書院、また上級の貴族化した将軍たちの豪壮な書院、そうしてまた僧院としての禅院風書院という、かなり幅の広いニューアンスの差をもって、展開されてゆくのである。

しかし、まずここでは、禅院風の書院とその庭が、もっとも特徴的なものとして考察の対象になるであろう。

貴族社会における荘園のなかに、あるときは農民として、あるときは兵士として、素朴な生活を送りながら、古い勢力と対決を迫られた新興武士たちは、その素朴な生活のなかから、自らの農家風書院を創りあげてゆくのであるが、それはむしろ、農家として、あとで考察したいのであって、ここではむしろ、そのような武士階級が、この混乱と不安の現実に処してしだいにその健康な素朴な姿勢を失って、貴族的な〝みやび〟の世界に入ってゆく、という過程が考察の対象となってくるのである。そのような過程では、この現実は、彼等が獲得しつつある現実ではなく、自己の外に無常に流れゆくものとして認識されるのである。現実からの抽象的な超越がはじまる。頼るものは自己の内部にしかないのである。僧侶たちは僧界から、武士たちはその貴族化した世界から、自己の内部に超越してゆくのである。そうしてその内部にあるものは主情であり、直接感情なのであって、そのような感性的小世界が〝すき〟の世界であった。

それは王朝的な〝みやび〟の展開であり、〝もののあわれ〟的姿勢の展開でもあるのであるが、しかし、ここでは王朝的なおおらかさ、豊富さを失って、方丈の栄華、貧しさの直接的肯定が現われてくる。外延的なひろがりを失って、自己への内向性が圧縮されて現われてくる。外形的には、動より静、完全なものよりも不完全なもの、繁よりは簡という象徴的形象化があらわれてくる。

このような象徴的傾向がさらに凝縮しつつ深化してゆくとき、そこに型が完成されてゆく。むしろ、その型に従うことによって自己を生かす――それは自己の個性を殺し、自己を無にして型に従うことであり、その型に従うことによって自己を発見してゆくという、無の姿勢における創造なのである。

世阿弥における能、利久における茶にも、このような無の姿勢があるのである。このような創造の姿勢と表現を、私たちは〝さび〟と呼んでいる。

苔庭における象徴的傾向は、大仙院石庭において、さらに深められ、そうして竜安寺の石庭において、無の姿勢にまで展開してゆくのである。

私たちは苔寺において、また茶室に入って深い瞑想に引きこまれ、この石庭において自己を失ってゆくような感動におそわれるのである。そのような芸術的な高さを、私たちは否定できないであろう。それにもかかわらず、私たちがそれに強い抵抗を感じるのは何故だろうか。

それは、現実から私たちを引き裂き、さらに自己をも失わせてしまう魔力にたいしてではないだろうか。私たちが今日の現実に生きる積極的な行動意識をもってそこを訪れるとき、何の感動にもさそわれないのであるが、そのような意識から解放されて、不意にここを訪れるとき、愕然とするような感動におそわれてしまう。このようなことを私はたびたび経験するのである。この私の経験は、この魔力が何物であるかを物語ってはいないだろうか。

しかし、このような象徴的形象化の傾向のなかには、庶民層における健康な素朴な生活態度や、そこからくる生活の知恵が秘められていることを見落してはいけない。このような生活の歴史のなかで、形象化された健康な簡素さ、野性的な素朴さには、私たちにリアルに訴える抽象性がある。それを私たちは古い農家のなかに見ることができる。

このような農家は、竪穴式住居の流れを、高床式住居からの流れに影響されながら発展させたものと考えられる。そこには、高床式住居の上層社会での系譜が作り出してきたような開放的な表現は認められない。それは、おそらく小宇宙の内部で私的に開放されている上層住居とは異なって、直接自然と対決し、外界と接触しなければならなかった下層農民の住居としては、当然な抵抗のあらわれであったろう。ここでは、開放的なものと閉塞的なものとが、混在しているといってよいだろう。しかし、このような貧しい農家に抽象化されて現われている、簡素な素朴な表現は、貧しさを克服する姿勢で獲得されたものであるといってよいだろう。それは決して貧しさの直接的な現われではなく、永い生活との闘いの歴史のなかで、貧しさを克服しようとする姿勢で獲得されたものなのである。

しかし貧しさを、貧しさとして肯定し、それを感性的にうけとめて美化するという消極的な姿勢においては、貧しさは〝わび〟の性格を帯びてくる。日本の古い農家のなかにある簡素な素朴な表現は、この〝わび〟を内在させているように思われる。このことはまた、新しく興ってくる町人層の住居にもいいうるように思われる。

このような貧しいものの生活、その生活のなかの団欒的な楽しみとしての茶、さらにその生活を形象化した農家や町屋、それらを形象化したのが、利久の〝茶〟であり、また彼の草庵風の茶室なのである。そのなかには、一方に貧しさを能動的に克服しようとする生活の智恵から生れる素朴な単純な表現と、生活のエネルギーが反映される健康な性格とをもっている。がしかし他方、貧しさを消極的に肯定しようとする感性的な弱さから生れてくる技巧的洗練と、頽廃的な不健康さも内在させているのである。そうして、しだいにこの利久によって創造された茶室はその消極的な頽廃的な性格〝わび〟の方向に発展し、形式化して〝数寄屋〟とよばれる住居形式をつくり出してゆくのである。この〝数寄屋〟は、書院造りの発展であるが、その発展のなかに見られるものは、書院の農家風・町屋風への展開であるとともに、書院の表現における〝わび〟的方向への展開でもあるのである。

桂離宮によって代表される、この数寄屋風書院の典型には、私がいままで展開してきた歴史的系譜のすべてが、焦点を結んでいる。伊勢神宮――寝殿造り――書院造りの上層住居の系譜と、農家――町屋――書院造りの下層住居の系譜とが、数寄屋によって媒介されて、ここで結ばれているといってよいのである。だから、ここには、アニミズム的神性、もののあわれ的主情性、すき、さびにあらわれる象徴性がすべて含まれているとともに、また生活のエネルギーと智恵から生れる健康な素朴さをもっているのであるが、しかしそこには、〝わび〟的性格がまつわりついている。

桂には、これらの系譜が含まれているのであるが、それが創造的に統一されているとはいえないのである。むしろ全体に統一を与える何ものかに欠けている。それはこの桂離宮の建設の事情――次々に増築されたものである――からしてもいいうることではあるが、しかし、その創造それ自身のなかにも、そのことがいえるのである。創造の発端にある認識は、いつも身辺的であって、それが客観世界に拡がってゆかないのである。触覚とか、味とか、そういった心情的な抒情的な姿勢で自然や現実を受身に受け入れてゆくのであろう。そのような経験的・身辺的認識のとどく範囲では、建築形象や空間は、生き生きとした表現をもっているが、それを全体に統一する認識の強さに欠けている。だから、全体を覆う印象は抒情性であって、それを統一にたかめる緊張に欠けている。――桂については、近く発刊される桂についての本〔『桂――日本建築における伝統と創造』造型社、一九六〇年〕のなかで、もっと具体的に触れたいと思っている。――

この桂によって代表されるような、建築創造の姿勢は、その後、江戸の永い歴史のあいだ、さらに広い庶民層の住居や生活のなかに引きつがれてゆくのである。

この過程は、もっとも日本的な心情のあらわれであるところの俳諧の歴史と同じ途を歩んでいるといってよいのである。

俳諧は、貴族化した文学に抵抗して、新しい町人層の生活をもりこもうとする革新的な文学として現われてくるのであるが、その現実認識は、現実を諧謔するという〝おかしみ〟の姿勢で、その抵抗をはじめなければならなかったのである。しかし、それはしだいに現実をあるがままに肯定するという消極的な〝風流〟の姿勢に移り変ってゆく。芭蕉によって完成された俳諧は、この〝風流〟の世界であった。この、風のままに流れるという〝風流〟は、この現実に生きる生きかたであるとともに、また創造の姿勢でもあったのである。

この〝風流〟の生きかたは、江戸の長い停滞のなかで、庶民層の生きかたの根底にあったものである。それは夏虫の音に涼しさを求める態度であって、それは暑さの克服ではなく暑さの感性的な否定であり、暑さからの自己慰安にすぎないのである。この社会の停滞感、漠然たる不安感にたいする自己慰安なのであった。

私たち日本人にとって俳諧は、いったんその味をおぼえ出したら、ぬきさしならず引きずりこまれて、肌身についた伝統の詩魔に魅せられて、一切の積極的行動意識を無くしてしまう――これが〝風流〟の世界である。そうしてこの〝風流〟は〝わび〟〝さび〟から遠いところにはいないのである。

日本の歴史のなかで、私たちは多くの変革の時期を経験している。その変革を担った革新的な人たちの積極的な姿勢には、私たちを鼓舞するものがあるはずに違いない。そうして新しい歴史家たちは私たちを鼓舞するようなものを伝統の姿勢のなかに求めようとしてきた。しかしそれを私たちは過大に評価してはいけないのである。いつの変革の時期のあとにも、そのような革新的な人たちの積極的な姿勢は、もののあわれに回帰し、また〝すき〟〝さび〟に、そうして〝わび〟にまた〝風流〟へと回帰してくるのである。そうして変革はつねに不徹底なものにしかなりえなかったのである。

この〝もののあわれ〟から〝風流〟にいたる伝統は、今日、私たちの内部にまで届いているのである。ここからデカダンスへの距離は一歩にすぎない。

私たちは無自覚のうちに、私たちの内部にまで届いているところの、このような伝統を自覚に高めてゆかなければならない。このような伝統の現存を認識することが、それの克服を可能にするのである。伝統の克服とは、外部にあるものの克服であるとともに、それよりもまず、自己の自覚であり、自己の克服なのである。

b 現代の姿勢をいかに自覚するか

私たちが、現実に対決するとき、〝もののあわれ〟――〝風流〟の伝統が、ひろく人々のあいだの生きかたの根底にあり、また、その生活の表現にまつわりついていることを、感じるのである。

このような根づよい伝統は、どのようにして形成されたのであろうか。日本の水田による農耕という生産方式から生れてくる自然観であるともいえるであろう。また、この国の永い間の専制的な社会制度によって歪められた社会観であるともいいうるであろう。あるいは、風土的なものであると宿命づけてしまうこともできるかもしれない。あるいは貧困さにその責を負わしてしまうひともあるだろう。

しかし、ここで、私たちにとって問題なのは、次のようなことなのである。

日本が明治の社会的変革を行うことによって、古い制度的なものを捨て去り、鎖国を解いて西欧の文明に接し、それを移入したいわゆる明治の文明開化も、この伝統の根底をくつがえすことができなかった、ということなのである。

芸術創造の領域において、その時期に私たちは、西欧の自然主義を学びとった。しかし、それを、主情的な自然主義におきかえてしまったのである。形式的には自然主義を模倣しながら、その内容においては〝もののあわれ〟――〝風流〟の主情から一歩も発展しなかったといいうるのである。自然を科学的・技術的に克服してゆくという過程のなかで生育した西欧の自然主義とは全く異なったものに変容してしまったのである。自然の一隅に自己の主情を反映させた写生画、現実の身辺的現象を主情的にうけとめた私小説として、日本に受けつがれたのである。

このような主情的自然主義は、単なる芸術創造の姿勢や方法であるばかりではなく、広く日本の人たちの生き方、現実認識の仕方そのもののなかに、まとわりついているのである。伝統は、現実そのもののなかにしのびこんできているのである。

日本における現代建築の展開のあとを見るときにも、この現実認識における伝統的なもの、創造の姿勢における消極的宿命観のようなものが無自覚のうちに、建築家の内部に巣食っていることに気づくのである。

西欧における現代建築の展開と、日本におけるそれは、もちろん無縁ではない。まず、これらの展開のあとをたどって見なければならないであろう。

日本における現代建築の展開は、ここ三〇年来のことである。三〇年前、日本の一部の建築家たちによって、分離派(Secession)の運動が導入されたが、しかし、日本の現代建築の運動は、Le Corbusier や Walter Gropius と"Bauhaus"からの直接・間接の影響を受けたときからはじまったということができるだろう。それは約二〇年前のことであるが、不幸にも、その当時、日本の社会的・経済的状況は跛な帝国主義の傾向を強くもっており、建築活動は、housing とか、学校や病院やその他の社会施設や、また公共的建築の建設はほとんど停止しており、また国民の建築にたいする関心もほとんどなかったといってよい。そのために、現代建築の運動は、現実の地盤の上に実るという機会をほとんどもつことができず、ただ、一部の進歩的建築家の実験的な試みがわずかに行われたにすぎなかったし、しかも、その実験も、現実とは何のかかわりあいもない全く別の世界での実験に終っていったといってよいのである。

日本における現代建築の展開は、本当の意味で、この第二次大戦のあとの、国土の荒廃からの再建の途上にはじまったのである。この途上では、国民の社会的要求としての housing やその他の社会施設、または公共建築の建設が必要となってきたのである。それと同時に、畸型的な経済復興のために、商業的投機の要求から、多くの投機的建築が建設され、それが、真に国民が要求する建築の建設を阻害してきたのも事実であり、とくに国民のもっとも強く求めている housing は、間に合わせ的な再建となってしまったのである。

このような状況におかれてはじめて、建築家たちは、建築創造を通じて、現実を認識する機会をもったのである。そうして、この現実の地盤の上に、現代建築をいかに定着させてゆくべきかという課題を自覚しはじめたのである。ここには、前機械時代のものと機械的なもの、日本的な生活様式と西洋的なもの、停滞と進歩、これらの相容れないものの矛盾のなかにある深い淵や、また一方から他方への推移の困難さにぶつかったのである。

建築創造を通じて行われる建築家の現実認識が、一つの転機にぶつかりつつあるということは、しかし日本だけのことではなく、広く世界的なことである。この世界的な転機を見ることなしには、また日本の問題を明らかにすることもできないであろう。

世界的視野で現代建築の展開のあとを見るとき、そこに二つの点が指摘されるであろう。

それは一方において、その表現形式あるいは視覚言語の抽象的普遍性への方向、いいかえれば国際主義化の方向である。これは他の領域——絵画や彫刻、さらにインダストリアル・デザインにも見られる共通の現象である。これは現実にたいする抽象的認識にもとづいている。そこで考えられている人間は、全く生物的・抽象的な人間であって、現実に働きかけ、また生活しているところの人間ではないのである。そこでは、現実に生きるところの具体的な人間像が見失われていたのである、といってよいであろう。

他方において、その創造の方法における、個別的＝特殊的、個性的＝主観的傾向である。

さきにのべた抽象的普遍化の傾向と全く相容れないような、このような傾向が、しかし、現代建築といわず、絵画、彫刻、文学のなかに同時に現われていたのである。絵画や彫刻における社会的テーマの喪失、自我の個別的な主張、抽象的普遍的な表現形式をかりた自我の無制約な主張、密室における主観的心理の表出、このような社会性を喪失した主観的表出は、この現実に生きている人間に訴え、共感を呼びさますことはできないのである。もっとも判りやすい普遍的な視覚言語によりながら何を語っているのか、人々は知ることも知ろうとする関心ももつことがないのである。現代建築における機能主義的方法にも、これと類似の特殊化・個別化の傾向が強くあらわれている。生活現象の個別的偶然的な様相に対応して建築空間を構成してゆこうとするような傾向は、素朴な機能主義のなかに、しばしば見られるのである。

そうしてまた、これらの傾向のなかで、建築における作家主義の極端な傾向があらわれているのである。

この一方における表現形式の抽象化・普遍化の傾向――これの形式化したものがモダニズムのもっともあきらかな傾向をなすものであろう――、また他方においてその方法における個別化・特殊化の傾向、これは素朴な機能主義に見られる傾向であるが、この二つは全く相反した傾向のようでありながら、じつは、一つのものの両面であるということができるであろう。

これはともに、一つの現実の認識の仕方から生れてきたものであるといいうるのである。

しかし、この戦後、世界の建築家たちは、このような現実認識を反省し、さらに、それを深め、高めざるをえない現実に遭遇しはじめたのである。このことは日本にとっても、また、すでに触れたように、同じなのである。

それは、人間は、決して世界的に普遍的でも一般的でもなく、また抽象的でもなく、具体的にそれぞれの現実のなかに生き、また現実に働きかけるものであるという認識である。

また一方、人間は、自己の密室のなかに、個別的に、心理的に生きているのでもなく、また個々の生活現象の特殊なすがたが、現実に生きる人間の反映でもなく、人間はそのような個別的な生きかたをしているものではなく、ともに相たずさえながらこの現実に働きかけながら、この現実に生きているものである、という認識である。

このような認識の深まりは、世界の現代建築の働きのなかで、地方主義とか風土主義とか新経験主義とか、あるいは伝統主義といったかたちで現われてきたのである。それらは、広い意味で、レアリズムへの傾向をたどるものと見てよいであろう。

ソーシャリスト・レアリズムは、建築創造において、またその方法において決して実りゆたかなものではなかったし、また幾多の誤りを犯してきたのである。現実を発展的に認識しないで、むしろ停滞として認識しているとさえ考えられる面を多くもっている。建築を表現的にとらえて機能的なものを十分に発展させなかったこと、むしろ建築の建設が、現実の経済的・社会的要求に応えながら、しかも現実を変革してゆくものであるという機能的・生産的側面を軽視したことは、このような現実認識からきた誤りであるといえるであろう。

さらにこの現実認識を建築創造を通して行うことをしないで、むしろ観念的な認識にとどまっていた誤りであるともいいうるであろう。このような誤りにもかかわらず、ソーシャリスト・レアリズムは、すでに述べた現代建築のレアリズムへの傾向を促す歴史的役割を果した点を、否定しさることはできないのである。

日本のこの戦後の動きの中には、このような現代建築の世界的展開のなかで、モダニズムへの形式化と、レアリズムの宿命論的受けとりかたとが、現われてきたのである。

建築家たちは、新しく来るであろう未来を夢みて、この現実に対する深い認識もなく、生活の近代化や技術的進歩を夢みた。このなかにはこの社会における生活と技術の停滞を打ち破ろうとする健康な前向きの姿勢がひそんでいることを否定し去ることはできないのであるが、多くの場合、現実の抵抗にあって、しかもその抵抗を自覚して受けとめることをしないで、この社会における生活と技術の停滞に、真正面からぶつかってゆこうという姿勢ではなく、そこから身を引いて、生活の些細な現象を近代化するための生活技巧の探求や、技術の一般的停滞のなかで技巧だけを探求してゆくという趣味的傾向が、しだいに現われてくる。

この傾向はモダニズムへの形式化であるといえるであろう。ここでは伝統が問題になっても、技巧的・趣味的に受けとられてしまう。最近における日本の伝統的建築にたいする世界的注目のなかには、このような傾向がひそんでいることに私は気づくのである。ここでは日本の建築的伝統はモダニズムとの技巧的・趣味的類似のために過大に評価されているのである。さらに、それに迎合しようとする日本の建築家のつくるジャポニカ・スタイルには、このことがもっとも明らかに現われているのである。

このようなモダニズムへの形式化と、その畸形的な落し子の一つであるジャポニカ・スタイルを支えている建築家の創造の姿勢には、〝もののあわれ〟から〝わび〟への日本的伝統のカゲリが濃厚にただよっているのである。それは強くデカダンスへの傾斜を含んでいる。

そうして、このようなモダニズムは、この社会の投機的な頽廃的な商業的な建設の領域で、もっとも受けいれられているのである。

他の建築家たちは、将来にたいする希望をもつことができず、この現実の社会のあるがままの肯定から出発している。そこでは、現象の統計的・平均値的な評価、調査主義が彼等の現実認識を支えている。彼等にとって、この現実は宿命的なものなのである。そこでは、この現実の生活のなかにある伝統的な生活様式、あるいは伝統的な好み、というものもそれがただ多数のもつものであるという点で、それを無批判に肯定してしまう。そのような伝統的生活様式や好みを、むしろ現代に生きている伝統として、何の見さかいもなくすべて高く評価してしまうのである。

彼等は現実の現象のなかには、まだ萌芽的にしか現われていないようなもの、しかも、前向きの正しい発展をそのなかに含んでいるような萌芽的なものを取りだして、さらにそれを積極的に押し進めようとすることを決してしない。現実を発展として認識しないのである。彼等はまた建築家の創造的な役割をすべて作家主義の名のもとに否定しようとする誤った傾斜をもっている。現実を発展させてゆく主体的な人々の力を信ずることができないで、つねに宿命的に現実をあるがままに肯定してゆく日本的伝統を無自覚のうちに踏襲しているといってよいであろう。またそれはレアリズムの日本的形態であるといってもよいであろう。このような傾向は日本の官僚主義とアカデミズムのなかに強く現われており、公営住宅の建設や建築研究者層の調査主義のなかに反映されている。

私たちは、日本の現代建築が、一方においてモダニズムへ形式化し、頽落しつつあり、他方、宿命論的レアリズムに膠着しつつあるからといって、その健康な前進的な発展の芽がそこにはないと考えてはいけない。

むしろモダニズムを否定するあまり、現代建築が果してき、また果しつつある健康で前進的な役割までをも否定しようとするような宿命論的レアリズム陣営の論議に、私たちは賛同することはできない。また建築家が創造的に果してきた役割を、すべて作家主義の名のもとに否定し去ろうとするような論議を打ちこわさなければならない。さらに一方、この宿命論的レアリズムを否定するあまり、現代建築のなかに生れつつあるレアリズムへの傾向の歴史的役割とその必然性を否定するような論議にも、また建築家のなかに生れつつある協同態勢や建築家の民衆への接近の傾向を否定して、建築家の無軌道な個性の表現こそ建築家の創造的役割であると信ずるようなモダニズム陣営の論議にも賛同することはできないのである。

私たちは、この現実に働きかけ、それを発展させつつある人々の歴史的役割とその力を認識することによって、この宿命論的レアリズムを克服することができる。そしてまた、とくに日本の場合、伝統のなかに流れ続けている〝もののあわれ〟的宿命観を、私たちの創造の姿勢とその表現からぬぐい去り、健康な前向きのレアリズムの立場を自覚することができるのである。

このような立場にたってはじめて、私たちは、現代建築が獲得してきた方法的成果を幾多の誤りや形式化にもかかわらず、そのなかにある健康な芽をつみとることなく、さらに発展させてゆくことができるのである。また日本の伝統のなかで、健康な生活の知恵が、歴史的に創造し獲得してきた方法的成果を、発展的に継承してゆくこともできるのである。

3　創造の方法

a　典型化への途

近代主義的・機能主義的建築の創造における方法論は、ある特殊な生活または生活現象のある一つの抽象的分析を基礎として、逆にそれによって構成された空間をもって、現実の生活を規定するという、主客転倒の立場をもっていたのである。それに対して、そこに住まいまた働く人の側から、それは生活の制約である、とする批判がしばしば向けられているが、そこには、むしろ聞くに値いするものがある。

そのようなものにくらべるならば、民家などには、日本のものにしても、あるいは西欧のものにしても、それぞれ隣りの家も、またその隣りの家も、同じ空間構造をもっているのであるが、しかし人びとはそれを自由に使いこなし住みこなして、制約をさほどに感じないのである。そこでは人間はあくまで建築の主人であり、建築は人間の自由のために奉仕している。多くの場合、このような民家は長い歴史の過程のなかで、人びとが生きいきとした生活の姿勢をもって、またそのなかから生れてくる健康な生活の知恵をもって創造してきたものであって、これは一つの典型的空間形象であるといってよいのである。

このような典型のなかには、現実生活の発展性・多様性に対応してそれをたくみに反映し形象化しているものがある。

典型化とは宿命論的レアリズムが考えるように、現実の発展性を静態的に抽象化することでもなく、また現実の多様性の平均値的測定や最大公約数の設定でもなく、それは、発展性を前進的なもののなかに、多様性をその本質的なもののなかに把えるところのものである。であるから、典型的なもののなかには、つねにその創造に参加した人たちの現実認識、世界観が反映されているのである。

典型化は、建築における創造の基本的方法をなすものである。この建築における典型化の過程においては、現実の発展性・多様性は、その量的和でも、量的平均でもなく、そこで、質的転換による晶化が行われるのである。この質的転換の過程において、機能的なものと表現的なもの、物質的なものと芸術的なものが、統一的に形象化されるのである。

現実の生活現象における推移性・多様性をもつ機能が、それぞれ美しいものではない。前進的な立場でとらえられた本質的な機能、典型化された機能が、美しいものの可能性を含んでいるのである。

現実を克服する姿勢で生きる人には、あれもこれも美しい、と観照されるのではない。その人たちは、主体的に、そのなかから、これをえらび、志向するのである。

それゆえに歴史的に機能的なものの典型は、また同時に歴史的に美の理想と一致する可能性をもつものである。そうして、そのような典型的機能と美の理想の一致する形象を発見すること、これが建築における創造であり、またこれは典型化への方法によって可能となるのである。

b　伝統の創造的継承

このような典型化という創造の方法とその方法的成果は、日本の伝統のなかで巧みに獲得されている。もちろん、すでに触れたように、日本の伝統のなかに流れつづけている創造の姿勢と、それにまとわりついている表現には、私たちが克服し、否定し去らねばならないものを多くもっている。このような消極的姿勢を克服し、否定することによってはじめて日本の伝統のなかに獲得された方法、あるいはその方法的成果を、創造的に継承してゆくことができるのである。そうしてまた、そのような健康で前進的な姿勢にたって、その方法をさらに発展させながら創造が行われるならば、そこに生れる形象には、古い弱い表現を否定した、新しい健康な表現が獲得されるのである。このような否定の否定という伝統と創造の論理は、とくに、日本の場合重要なのである。

建築空間と生活との典型的対応――これは日本の建築的伝統が獲得したところの貴重な方法的成果の一つである。

これは木造の柱‐梁構造と、畳、襖などによって可能にされたものであった。これは反面において木造の柱‐梁構造を技術的に一歩も発展させることがなかったという日本の技術史的停滞と無縁ではない。むしろ、そのような技術史的停滞のなかで獲得された創造の方法であったといいうるのである。この停滞は、また伝統のなかに見られる消極的創造の姿勢でもあったのである。

木造の柱ｰ梁と畳によって構成される空間には〝もののあわれ〟から〝さび〟に至る創造の姿勢と、そこから生れる表現をまとっているものがある。この日本建築の空間の開放性やそれにまとわりついている、はかない、移ろいやすい、か弱い表現のなかには、消極的な自然観があることもすでに指摘したとおりである。畳をとってみても、そこには〝わび〟〝さび〟や〝風流〟の表現がまつわりついているのである。

しかしそれと同時に、これらのうちには、自らの生活の現実を克服しようとする前向きの姿勢に立った健康な生活の知恵が、ながい歴史の過程のなかで創造し獲得してきたところの方法的成果ももっていることを見落してはならない。農家に見られる田の字型プランや、町家にみられる通り庭式住いの典型化されたもののなかには、方法的な知恵を見出すことができるのである――かといって、そのなかにはまた、〝わび〟から〝風流〟にいたる表現のにおいがただよっていることを否定することはできないのであるが。

現代建築にも、空間の典型化への方向が現われつつある。空間の流動性とか、開放性として、それは表現的に受けとられている場合が多いのである。ある場合には、機能の歴史的意味や現実的存在をも捨象したような、抽象的空間、均質化された空間にたいする傾向さえあらわれている。日本の建築的伝統が獲得してきた空間の典型化への方法的成果は、そのようなものとの表現的類似をもって評価されるならば、その発展の芽はつみとられてしまうであろう。単にはかない、うつりやすい、か弱い表現にたいする好みや、また畳がもっている趣味的表現にかかわりあっているあいだは、この方法を発展させることはできないのである。

現代における典型化への途は、この日本の現実の貧しさを克服してゆこうとする前向きの姿勢において、いいかえれば、日本の伝統的姿勢を否定し、技術の停滞に甘んじることなく、技術をさらに大胆におしすすめるような姿勢に立ってはじめて可能であり、また伝統のなかにあった典型化の方法は、現実を克服するための積極的な方法として、さらに発展させてゆくことができるのである。現実生活の発展性・多様性に対応する積極的な方法として、空間の融通性、規格化された互換性、無限定性が、空間の典型化の方法的成果をなすものであって、それは、現実の捨象から生れる抽象的空間でもなければ、開放的表現とつねに対応するものでもないのである。

そうして、現代における空間の典型化に接近するためには、大スパン架構によるスパンの克服や、ユーティリティ・コアによる自由空間の獲得などという技術的方法を、さらに大胆におし進め、より豊富にしてゆかなければならない。このような前進的姿勢においで、はじめて伝統のなかにまとわりついていた、はかない、弱い――場合によってはデカダンスに通じる――表現を克服して、より健康な表現を獲得することができるのである。

建築空間と風土との典型的対応は、日本の伝統のなかで、庇と縁と障子として形象化されてきたのである。これも同じように、技術史的停滞のなかで形式化された方法であり、その表現には、日本の伝統である消極的な姿勢からくるカゲリをただよわせているのである。

しかし、それは、また永い歴史的過程で、生活の貧しさを克服してゆこうとする力強い生活の知恵が創造してきた方法的成果である、という側面をも否定し去ってはいけない。

現代建築における空間と風土との対応の方法的成果のなかには、これと類似の方法を見出すことができる。環境調整としてのルーヴァ、ブリーズ・ソレイユ等の方法である。

このなかには健康な人間的要求が含まれているとともに、すでに形式化された技巧的側面をも同時に含んでいる。これを再び日本的建築との形式的類似のために、それを趣味的に受けとめたり、またそれを公式的に反発したりすることからは、何らの方法的発展を期待することはできないのである。

庇と縁と障子という日本の伝統がもっている方法的成果は、その創造にまつわりついている消極的な姿勢やその表現を否定し、むしろ技術の停滞をうち破り、それを大胆におしすすめるという姿勢において、はじめて、私たちの手で、創造的に継承されることができるのである。

建築空間と社会との対応において、日本の伝統は、現代においても積極的な意味をもつような方法的成果をとどめてはいない。多くの場合、日本の建築の開放性は、家族の内部における開放性であって、社会にたいしてはつねに閉塞的であって、高い塀がそれの形象化であろう。西欧におけるような、アゴラ——社会的なものの萌芽的形象である——の伝統をもたず、社会と家族とのあいだには深い断絶があった日本の歴史的・社会的形態に、それは由来しているといえるであろう。

現代建築において、建築空間と社会との典型的対応を完成しつつあるピロッティの伝統を、私たちはもっていないのである。しかし現代、私たちは、このピロッティを社会的な意味において、さらに積極的に発展させようとしているのであるが、それを日本建築の湿潤な風土との対応から生れた高床式住居との形式的類似によって、それとピロッティの本質的意味を混同してはならない。

これらの日本建築の伝統における方法的成果については、別に準備中である〝桂〟の本〔前掲書『桂』〕のなかで、より具体的に明らかにするはずであるので、ここではすべて暗示的に示すに止めたい。

c　現代の方法をより豊富に

私たちの現代の問題は、つねに伝統にかかわりあうものでは決してないし、むしろ、私たちのこの現実のなかに問題が横たわっているのである。しかし、伝統は無自覚のうちに、私たちの内部に、またこの現実に届いていることを認めないで、素朴に伝統を否定する態度は、真の意味で、伝統の否定にも克服にもならないのである。

私たちは、このような意味で、まず、この伝統を自覚にもたらさなければならないと考えたのである。そのとき、私たちは、私たちの今までの建築的実践において伝統のうちにある創造の姿勢を、無自覚のうちに私たちの作品の表現にただよわせていたことにも気づき、それを克服したいという積極的な立場に立ちたいと考えるようになったのである。それと同時に、私たちが十分に発展させうるような健康な方法的成果が、日本の伝統のなかにあり、またそれはこの現実の生活のなかにもあることを気づかずにいたことをもまた知ったのである。

私たちの現代建築における方法の発展は、単に、伝統のなかにある方法の発展であるのではなく、この現実と建築的実践をぶっつけあうことによって発展させられるものである。だが、しかし、現実の生活のなかに届いているところの、伝統における方法的側面を、単純に無視することは、出発点としてはリアルな立場ではないこともたしかであろう。

私たちのチームのメンバーは、日本における現代建築の方法的発展の方向を見さだめてゆき、そうしてそれを今後の作品創造において実践的に把えてゆきたいと考え、私たちの今までの設計活動やその作品を対象として、徹底的にそれを批判し、反省したいと考えたのである。いいかえるならば、私たちは、その建築的実践を通じて、いかに現実を認識してきたか、またいかに現実を認識すべきかという問を自らに課したのである。このようなかたちで行われたメンバーの討議の報告は別稿として発表されている。

註　本稿の内容も、また上に述べた報告の内容も、一九五四年一月号の本誌上で発表されたものとは同一の立場に立っていないことを、読者は見られると思う。むしろ部分的には、それの積極的な否定をも含んだ発展であるといえるであろう。また私の講演の速記である現代芸術講座の〝現代芸術入門〟などで触れた伝統と創造論からは、すでに多少の隔たりがあることも、了解されるであろう。

（初出『新建築』一九五六年六月号）

（編集部注）本論文では今日では使われない不適切な表現が一部あるが、執筆時の歴史性を考慮し、原文のままとした。

無限のエネルギー：コンクリート

廃墟ほど美しいものはないと人はいう。重力に抗して立ちあがったポテンシャルが、零に帰ってゆく姿、自然と闘う人間の営みが自然の力に打ちひしがれて再び自然に帰ってゆく姿、そこには無常の美しさがあるだろう。

しかし私は、打ちひしがれても、打ちのめされても、立ち上ろうとする人間の自然にたいする闘いの姿に、より生命的な美しさを感じている。私は立ち上り、支え、張る力に感動する。コンクリート――正確には鉄筋コンクリート――は、私たちに、立ち上り、支え、張る力とエネルギーとを無限に与えてくれる。私はコンクリートのその力を愛している。

このような無限の力に、重力の場で秩序を与えてゆく、コンクリートが内包している混沌としたエネルギーから、力の秩序を創造する。現代の建築家だけがこの喜びと感動を知っている。

建築の歴史は、いかに重力に抗し、耐え、さらにそれを克服して、生活の営みの空間を獲得するかということであったといえよう。この自然の重力に対決するだけの力が、建築家たち、技術家たちによって創られてきたのである。この力は、またいくつかの秩序の体系を生みだした。それはいろいろな建築の形式——ギリシャやゴシックなどの——となって歴史に現われている。人は、建築がつくり出したその空間のなかに、あるいはその形に、力の秩序を感じて、人間の創造の偉大さに感動する。建築とは、ともあれ力の表現、重力との闘いの跡である。

コンクリートは、歴史上かつてない力を私たちに与えた。私たちは、いかなる歴史の時代より、さらに高く、さらに大きく、創造力を発揮することができる。この現代の幸せを、私たちはもっと深く味わう必要がある。しかしコンクリートがもっているこのような可能性、あるいはエネルギーは、まだ混沌としている。そこから秩序を創りだす仕事は正に創造のことであって、決して概念でつかみだすことはできない。軸組構造はコンクリート的であるとか、ないとか、シェルこそコンクリート的であるとか、そのような概念によっては、私たちはコンクリートに肉薄してゆくことはできないだろう。——

コンクリートは、無限の可能性を私に啓いてくれる、まるで生きもののようだ——とネルヴィは語っている。このことばは、創造者だけが言えることなのである。

私は不用意に、感動などということを言ってしまった。額に皺をよせて、にがにがしげに、君たちはまず機能のことを考えたまえ、それを卒業したあとで、感動について語りたまえ、と言いたげないくつかの顔が、私のまえにちらついている。その人たちにとっては、コンクリートはつめたい死んだ構造材料にすぎないのだろうか。空間を支える一本の柱も、あるときには生き生きとし、あるときには全く死んだものになるということを知らないのだろうか。あるいは冷たい死んだ柱の方が安上りで、生き生きとした柱は余計にお金がかかるとでも考えているのだろうか。

あるいは感動をよびおこすような架構は機能的でないとでもいうのだろうか。

そうではなくて、空間のなかに力の秩序をみることができない人は、不経済な、反機能的な、死んだ架構しか生み出すことはできないまでのことである。人は、彫刻のばあい、冷たい大理石が人間の激情をさえ表現できることについては知っている。しかし建築については、鉄やコンクリートが生命的な躍動を人の心に伝えるものであるということを、故意にか、忘れようとしている。

正直、私はコルビュジエのマルセイユのアパートやシャンディガールのハイ・コートとセクリタリアートのコンクリートの建築に打たれた。またアメダバッドの幾つかの彼の小住宅や美術館にも感動した。アメダバッドにいるコルビュジエの弟子であるドーシーと、《なぜコルビュジエの建築は人を感動させるが、そのあたりの建築には感動をおぼえないのだろうか》と話し合ったことがある。ドーシーはこんなことを言った。《このインドに建てられたコルビュジエの作品は、その大部分私が彼のアトリエにいて、私が担当したもの、あるいは何らか関係したものなのです。私は自分が設計したような気もちになっておりました。というのは、コルビュジエは、ほんのときどき、ほんのすこししか、私の設計に口をさしはさまなかったからです。ところがどうです。そのすこしが私をこんなに感動させるものにしていることに、ようやく気がつきました》。そのとき、私はこんなことを言った。《コルビュジエはコンクリートの本質を知っている。しかしその本質をつかまない人が彼のまねをすれば贋物しかできない。私たちは、まねは止して、私たちの独自の途をたどって、そのものの本質に肉薄するよりほかに、生きる道はないだろう》、と。

そのあと、シャンディガールで、目のまえに本物と贋物が軒を並べて立っているところを見た。コルビュジエが直接手を下しているこの三つの建物を、彼の手から離れて弟子たちがその模造を作っているものと、こんなに本物と贋物がはっきり並んで立ってい るところは外にその例がないだろう。コルビュジエの使う建築のことばは、人間の奥底から発している。それは言葉ではあるが、また詩なのである。人は彼の言葉を言葉として利用する、するとそれは魂のぬけた言葉でしかなくなってしまう。

建築家のロジャースと、ミラノに建ち並んでいる新しく建った建築について話し合いながら歩いていたとき、彼は、《君はこれらの建築に現われているような建築的言葉とか視覚的言語などという国際的なことばを信用するか》、と不意に言いだした。私は、《そんなことばは信用しない。私は、人間的なことばしか信用しない。それはもっと個性的であり、ある場合には民族的なものだろう。それは詩といってもよい》、というようなことを話した。私はインドでそのときの会話を思いうかべながら、コルビュジエが発している人間的なことばに感動していたといえよう。それとは逆に言葉としての言葉をいかに軽蔑したことか。

私はニューヨークで、仮に二つ三つの建築をあげよと言われれば、ブンシャフトのリバー・ブラザーズ・ハウスと、目下建設中のミースとフィリップ・ジョンソンの協同になるシーグラム・ビルの二つを挙げるだろう。しかし、リバー・ハウスはすぐれているこことは認めるにしても、シーグラム・ビルで受けるような感動は受けない。ここには何か本質的なちがいがあるように思われる。

コルビュジエはコンクリートのなかに、ミースは鉄のなかに、その本質に肉薄し、そこから生命的なものをえぐり出しているといえるだろう。無機のコンクリートが、コルビュジエの個性によって生命をよびもどされ、非情の鉄が、ミースの技術によって、人間に訴える何かを獲得している、といってよい。

ピラミッドの石積の安定した力の重み、ゴシックの石がその荷重を失ったかのように跳躍している、力の運動、あるいは法隆寺の重々しい屋根を支えている柱、東大寺のたくみに力をさばいている架構、かつて歴史上に石や木にこれ程の生命を与えたいくつかの建築に、いまいった二人のコンクリートと鉄の建築は、肉薄しているといってよい。

日本が、コンクリートや鉄が、日本の現実と民衆のなかで、リアリティをもってから、何年になるだろう。まだもっていないとさえいえるだろう。そのような状況のなかで、日本の建築家が、もし、コンクリートがわかった、とか、鉄を知ったなどと考えたとすれば、それは滑稽だといってよい。私はいま、コンクリートについて、鉄について、さ迷っている。少なくとも、その本質に肉薄し、そこから生命をえぐり出したいと希いながら、さ迷っている。

それにはそれらについての技術的な理解が一つの支えになるだろう。またそれらの概念的認識が、それをたすけるだろう。しかしそれでは足りない。創造的な――実験的といってもよい――認識が、それに加わらなければならないだろう。

私のコンクリートや鉄にたいする理解と実感は、ここ一〇年あまりのあいだでさえ、よほど変ってきている。おそらくこれからも変るだろう。正にさ迷っているといってよい。

はじめて私がコンクリートにぶっつかったのは広島の記念陳列館であった。私たちは、この原爆の廃墟のなかから、力強くたくましく立上るような、何かをつくりたいと希っていた。一方私のコンクリートにたいする理解は大変に浅いものであった。

またその頃、私はコンクリートのなかに流れる力の秩序を骨組的なリニヤーなものとして視覚的にうけとめることができなくて、彫刻的なプラスティックなものとして受けとめようとする傾向があった。

この実施設計のとき、はじめ、この一〇〇メートルほどの長さのある二階の陳列室の床を二本——正確には二列二本の柱で支え、二階の長手の壁面を梁として、大きく架構したいと考えていた。これは陳列室内の空間をより有効に、より機能的にするのにも役立つだろうし、またこの架構の力の秩序を視覚化するのに、もっとも明快であり、その力の絶対量の大きさが、強さの表現をより直接的に示すのに役立つだろうということも考えていた。またこの一帯の環境のスケールに、より効果的に対応できるともかんがえていたのであった。今なら、恐らく合理的な予算のなかで、やりとげることもできるだろうし、また当時もっともこまっていた壁とも梁ともつかぬ二階の壁面の機能的な、かつ視覚的な処理も、なんとかなるだろうと思うのだが、当時の私は、技術上の、また表現上の能力の限界のために、その考えを放棄せざるをえなかったのである。そうして今みるようなものになってしまった。

しかし私にとっては、はじめてのこの工事現場の経験を通じて、コンクリートを実感としてうけとめることができたと思う。長径三メートルもあるコンクリート打放しの脚柱や、一二メートルほどのスパンに架けられた梁などから、コンクリートのもつ力の表現を、はじめて知ったといってよい。また力だけではなく、コンクリート自身のもっているテクスチュアーが、こんなに私たちに訴えてくるということを知ったのもそのときであった。はじめ仕上げを予定していた二階側面の壁を、コンクリートの荒々しい壁に、さらにこれに仕上をほどこす必要がないと感じたのは、やはりその頃であった。

そのあと、本館(一九五二年設計)のときには、この陳列館との対比というか、男性的なものにたいして、女性的なものとでもいうか、そんな気もちから、細かい軸組構造をそのまま視覚化してみようという試みの気もちをもったのである。それまで、私は、無雑作にあつかわれた工場や、工事中の建物にコンクリートの軸組を露出したものに出合った。しかしそれまで、その軸組が、一つの視覚的まとまりとして十分に昇華しているものには出会わなかった。私じしんも、それをどうすれば視覚的なまとまりのあるものになしうるかについて全く自信がなかったといってよい。日本の柱・梁構造のプロポーションなどについて調べたり、見に行ったり、また木割りなどといったのはその頃であったと思うが、コンクリートの架構が日本の伝統的な木割りに合うなどということは考えられないことであった。

それにもかかわらず木割りなどのことを持ち出したのは、自分を勇気づけるためでもあり、またコンクリートによる軸組架構が、もっと広く日本の現代建築に出てきてもよいし、それをやろうとする人たち——自分を含めて——の気もちの支えになるだろうと思ったからであって、私じしんは、黄金比を利用しながら、私の視覚に耐えるものを探していた。

当時の私の形式感情からすれば、日本の地震という特殊な条件を、どうすれば視覚化しうるかということについては解決がついていなかったといってよい。人間の視覚は、重力の場でこそ歴史的にきたえられているが、このような突発的な水平力を、目に見えるようにすることは不可能なのではないだろうかと考えていた。だからその時には、視覚的には平面の奥深くに耐震壁を設けて、外に見える柱、梁には、水平力にたいする負担をなるべくかけないようにして、純粋な重力の場での力の秩序をさぐるほうが、柱、梁というリニヤーな架構にとっては、より素直なかたちに近づくだろうとかんがえていた。このような考えかたと裏腹になっている私の形式感情は、一つには、また私の現実の認識の仕方の弱々しさからもきているといえよう。

あるいは、こういってもよい。この日本の現実のなかに、エネルギーがひそんでいることも認識できないで、現象の面にあらわれているはかなさ、不安、つめたさ、そういったところしか認識できなかったということだと思う。これは私が都庁や清水の市庁舎を設計する頃まで続いていたといえる。

この広島の本館のとき、コンクリートの柱と梁による架構のなかで、――とくに中二階などを利用しながら――内部空間の流動性と外部への開放性に目を集中していた。この空間の流動性や開放性は都庁（一九五三年設計）や、清水の市役所（一九五三年設計）にも引きつがれている。

ただこの広島の本館と都庁とのあいだには、コンクリートの架構が外に出ているか、スティールのサッシュが外に出ているかという外見上のちがいがかなりはっきりとでている。正直にいって、私はその頃まだ鉄とコンクリートの耐久性について、技術的な判断がつきかねていた。スティールの耐久性については、それがいかに早く腐ちてしまうものであるかということは、方々で見聞していたが、しかし防錆の技術についてもかなりの期待をもっていた。一方コンクリートについては、万代塀などが、いかにもみぐるしく、くちはてているところをしばしばみて、何か不安を感じていた。かといってタイル貼りや石貼りとコンクリートとのあいだの空隙に起りつつある風化は、さらに不気味であった。

本館のときにはコンクリートの構造体が外に出ているが、このような大事な構造体こそ保護される必要があるという考えから、都庁舎のようなスティールによる保護膜ができたようである。今でも私は、その何れが正しいのか、について十分な確証をもっていない。

恐らくより正しい前の方法があるにちがいない。しかし、そのような技術上の理解とはちがったところで、いまの私の気もちでいえば、コンクリートにより深い愛着をもっている。それはいかにも風雪に耐えるような表現を具えているし、その材料やその施工に、日本の現実に脚をつけた発展が期待できるように思われるからである。

香川県庁(一九五五年設計)や倉吉市庁舎(一九五五年設計)では広島の本館で試みたコンクリートによる軸組構造を、より大胆にあらわしている。ここで深い庇をだしているのは、内部空間の保護ばかりでなく、コンクリートの構造全体を風雪から保護する役目がかんがえられているのである。

この頃になって、私の現実を認識する内容にも変化があった。むしろ現実のなかに逞しいエネルギーを感じるようになったといってよい。私の形式感情も、より重々しいもの、より耐えるもの、より逞しいものに向かってきた。このように変化してきた形式感情は、地震という水平力をなんの抵抗も感じなく、視覚的にうけとめるようになった。

むしろ重力にも地震にも耐える力の秩序ということが、素直にうけとれるようになってきたのである。

こんどのS社の記念館(一九五六年設計)は、このゆきかたの一つの展開だとみてよい。これは塀によって囲まれており、コンクリートの骨組が多くは露出していないが、やはりコンクリートの軸組構造による一つの試みである。この場合、設計の途上で、このような閉された空間は、反社会的ではないかという意見を出された。しかし、この工場地帯のまんなかで、貨物自動車などが頻繁に動いているなかで、この種の集合場などの機能を高めるためには、形式的な解放性をすてることが、むしろ適当なのである。塀によって内部空間の機能を高めることにより、かえって社会の利用に一層役立つものとなるだろうとかんがえたのである。このような塀による閉塞的な表現は、ここの特殊性からきたものといえるだろう。

コンクリートによる軸構造はなんといっても、この社会に、十分な存在理由をもっている。私たちはこれが、さらに高い表現をもちうるところまで、もっともっとぶっつかってゆかなければならないだろう。

私はまた、いくつかのコンクリート・シェルを経験した。松山の愛媛県民館(一九五二年設計)のとき、足場をとりはらったあと、わずか八センチの厚さのコンクリートの曲面板が、直径五〇メートルの空間を軽々と覆っているところに触れて、われながら、何かショックを感じたと同時になにかコンクリートのエネルギーと生命を感じないわけにはゆかなかった。幼稚であったが、この実感が、その後の私のコンクリートにたいする信頼を高めたことは否定できない。

こんどの静岡〔駿府会館〕のばあい、求められている平面をうまく解決し、音響的にみて空間のかたちが、適当であり、また構造技術的にもその可能性があきらかになったところで、H・Pシェルの採用を決定したのであるが、しかしH・Pシェルというはじめての技術を、じぶんたちの掌のうちのものにするのは、やはり大変なことであった。はじめ、H・Pシェルを使う以上は、このスタンス一〇〇メートルもある二本の脚柱によって空間を張っているそのものの形を、内からも、外からも見られるものにしたいとかんがえていた。しかし内部空間を保つためには壁を必要としている。この壁とシェルとを統一するということは、私たち一同の表現能力の限界にきていたといってよい。結果として、ここの折壁やルーバー壁とH・Pシェルとの統一は十分にはみたされてはいない。がいつでもおこるこのような経験を通じて、言いかえれば自己の限界をこえたところに、ぶつかってゆくとき、自己の限界は破れそこから新しい芽が発展してゆくものだということを知るのである。

コンクリートは、私たちが単にそれを手段として利用しているのではない。未知なるコンクリートに対決し、自己の能力のぎりぎりのところまで、ぶっつけてゆくときコンクリートは私たちの能力の限界をうち破ってくれる。コンクリートはそれ自身、生命をもっているもののように私たちに新しい能力を啓示してくれる。そういうものではないだろうか。

今治市庁舎と公会堂(一九五七年設計)はいかにも壁的な表現をもっている。公会堂のほうはその内部機能からいって壁がでてくることは当然のことであって、それを折壁とし、屋根は折板梁として、つくってみたまでのことであるが、幅一八メートルほどの細長い三層の庁舎の方は、外界にたいする保護の殻ともいえる垂直に並列している壁を――この場合は東と西に面しているので、その陽を遮るために南に開口を向けるように四五度ばかりの角度をもったブリーズ・ソレイユでもある――構造的な柱と見たてて、内法一六メートルほどのスパンを、中間に柱をおかないで、梁かけていったものであるが、ここでは柱、梁の軸組構造といった表現とはちがった、壁的表現がつよくでている。

軸組的表現といい、シェル的なものといい、あるいは壁的表現などともいったが、これは便宜上のことであって、これはいけないとも、これでもういいとも思われない。まだまだコンクリートは私たちにとって混沌である。そこには可能性がひそんでいるように思われる。建築家の同志が、たゆまず、コンクリートの可能性を追求し新しい発見や成果を挙げつつあるなかで、私たち一同もその一員に加わりたいと希っている。これらの人たちの成果を共同の蓄積として、現代の建築家はコンクリートが内包しているエネルギーと生命を、さらに深く掘りおこしてゆくだろう。そうして、石が中世の感動をよびさましたように、コンクリートは現代の感動を現代の人びとに伝えてくれるにちがいない。

（初出『建築文化』一九五八年二月号）

芸術の創造性について

――詩人は時を知らせる――とヘルダーリンが言っている。詩人は時より早く時を知らせる。詩は存在に先立つ存在である――というような意味のことを。

――だが詩人は予言者ではない――と他の美学者、現象学派の一人であったと思うが、が言っている。――彼はジャーナリストのように予言者ぶってふれ廻らない。詩人は時と存在を、彼さえもあらかじめは知っていない未知なる暗闇のなかから、えぐり出し、確固として打ちたてる。そのあとに大群のエピゴーネンがつづく――というようなことを。

だとすると詩人はどうして時に先立って時をしらせ、存在に先立つ存在を打ちたてることができるのだろう。

――彼は神のことばを告げる巫女ではない。いや、彼は追いつめられている。何者も見分けられないような未来という暗闇に向かって、決断を強いられている。——と、彼は何故追いつめられ、決断を強いられているのだろうか。彼は過去は過ぎ去ってゆくことを知っている。しかし、未来は未だ来ないことを知っている。現在はその裂け目なのである。彼はその裂け目に身をおいて、もう、しりぞくことができないでいる。この裂け目に向かって彼は追いつめられており、この裂け目を橋架ける決断を強いられているのである。彼にとって、現在とは裂け目である。きのう太陽は東から出て西に沈んだ。今日も、そして明日も同じ太陽の同じ運動を疑う人はいない。では現在はなぜ裂け目なのか。

きのう朝、出かけ、夕方混んだ電車で疲れて帰った。今日もまた。そして多分、明日も同じ生活がくりかえされるだろう。

ではこの——多分——が裂け目なのだろうか。多くの人はこの多分をさえ意識することなく毎日の生活をくりかえしている。

すると芸術家といわれている人たちは、なぜそこに裂け目をみるのだろうか。

——くりかえすということは、本質的には逃避なのだ……私は、私の生命の終りででもあるかのように、芸術のしごとを愛している。そしてそれをしたあとで、私はふかい歓喜にひたる——私がふかい関心をセザンヌにそそられるのは、彼の不安なのだ。またヴァン・ゴッホの苦悩だ——というピカソのことばは、この裂け目の意識なしには考えられない。創造する人にとって現在は裂け目なのである。彼は、すでに存在するもの、自分自身をも否定することによって存在を創造し、彼自身をも変貌させる。彼は過去をくりかえさない、過去をあくまで否定してゆく。しかしあす、なにが現われるのか。あす、彼自身がどうあるのかを知っていない。何故と問うことは、私にはできない。それは、創造とは何かと問うことでもあるだろう。しかしこれは、創造について語りつくしてはいないかもしれないが、その一端にふれている創造の不安、その恐怖について、そのきびしさについて、そうしてまた歓喜について語っている。創造の本質的な核心にふれている。

創造とは——前であろうと後であろうと——なにかを衛《まも》るなどということとは関係のないことである。前衛とは何を衛るのだろうか。前にあるなにかを衛るのだろうか、それとも前そのものを衛るのだろうか。

私はくりかえして言うが、創るということと衛るということとは、全く無縁なことである。

創造とは大なり小なり模倣と切りはなしては考えられない。文字通りの無からの創造などということは、ありえない。

模倣は、あるときは外界や自然の、あるときは社会的事象の、また伝統にたいする模倣である。それらはなにか形式的なもの、規範的なものとして芸術創造を規制する働きをもっている。

しかし、この模倣といっても、それを衛るということでは決してない。この模倣はエピゴーネンの芸術的活動においては、濃くあらわれるものであるが、しかし創造的な芸術家といってもこの模倣から完全に自由であることはできない。このエピゴーネンの模倣においてすら、それはすでに打ち立てられた像をオミコシのように衛り、担ぐものではない。

むしろそのようなエピゴーネンの活動のなかにさえ、それが芸術的活動である限り、それに対する否定的破壊的な衝動が働くものである。

本質的な意味で創造には、否定と破壊の内的エネルギーが含まれているのである。

形式的なもの、規範的なものとして働く過去にたいして、それを否定し、破壊しようとする内的エネルギー、生成的なものが、それにぶっつかることによって、その矛盾にみちたものの燃焼のなかに創造があるのである。

歴史的にみてもこのことは言えるだろう。芸術創造のこの否定的、破壊的契機は、歴史を変革してゆく社会的基底にある民衆のエネルギーを反映しているものであることは、一般に言えることだと思う。この制度的なもの、規範的なものとして働く過去にたいしてその否定者その破壊者として登場してくる民衆文化形成のエネルギーが、その社会における芸術の創造性をたかめる契機となるのは当然のことである。

しかしこのエネルギーが直線的に芸術創造に結びつくものではない。

前衛ということは、そのような民衆のエネルギーを衛るということなのだろうか。そのようなエネルギーが芸術形象に反映するということは、しかしそれを衛ることではない。そのエネルギーは芸術創造を触発する契機とはなっても、そのものが芸術であるのではない。創造のエネルギーがただちに創造そのものを意味するものではない。それを芸術としてあらしめる形象化の過程が創造なのである。新しい存在を確固と打ちたてることが創造なのである。矛盾をはらんだ歴史の裂け目を具体的にうめることであり、どううめられたか、ということが意味をもっているのである。それは民衆のエネルギーを衛ることではなく、そのエネルギーにいかなる形象を与えるかということである。伝統があるばあいには形式としてあるいは規制として存在している。その伝統を否定し、破壊しながら、しかも伝統をつねに創造しつづけている人間の歴史は、つねに形式的な規範とそれを否定する生成的エネルギーの矛盾のぶっつかりのなかから、文化事象や芸術形象を創ってきたのである。しかもそれは直線的自動的にではなく、文化形成の、あるいは芸術創造の担当者として、自覚的に登場してくる人びとの創造活動によってなされたということを考えておく必要があるだろう。

芸術家は、規範的なもの形式的なもの、すでに存在しているもの、自己をさえ否定しようとする、衝動にかられている。それは時代の社会の基底にある民衆のエネルギーを契機として、彼は追いつめられていると考えることも一面では正しいであろう。しかし未来は未だ来ていない。この裂け目とは形式的なものと生成的なものが矛盾して渦まいている深淵である。――彼は決断を強いられている――彼は未だ来ない暗闇のなかに確固とした存在を打ちたてる、という決断を迫られている。そこでは彼はあくまで主体性をもっている。彼は何かを衛るのではなく、彼は創るのである。そのような主体性のある創造活動においてさえすでにあるもの、あるいはすでに先達の打ちたてた芸術形象を模倣するということはありうることである。それは否定を含んだ模倣である。それをオミコシをかつぐように衛ることではない。芸術の歴史は模倣としての側面をもっているが、先達を衛るところに創造的な芸術があるのではなく、それを否定し破壊するエネルギーがはげしくぶっつかってゆく、その矛盾の燃焼が創造性をたかめているのである。もう一度くりかえそう。

芸術の創造は、先達の打ちたてた芸術形象を衛るところにあるのではない。また民衆の社会変革のエネルギーは芸術の創造性をたかめる一つの契機となるものではあるが、そのエネルギーを衛ることが、創造ではない。そのエネルギー――この未知なるもの、この未形式のもの――にこたえて芸術形象を打ちたて確固たる存在を創るところに創造があるのである。芸術は存在に先立つ存在であるだろう。時より早く時を知らせるだろう。

前衛ということばに私はこだわり過ぎていただろうか。創ることは全く反対なもの、しかも無縁なものとして衛るということばを考えている。それはことばだけの問題ではない。そのことばを使うということは、芸術にたいする一つの観念を前提としているのである。芸術においては、衛る、衛られるという関係は、独裁者とその追従者の関係以外には存在していない。そうしてこのような芸術の考えは、――それは、芸術活動というより政治活動といってよい――芸術家の主体性と創造性をつみとる役目しかしないだろう。そういう観念と結びついた前衛ということばを私は芸術を語ることばとしては認めない。

（初出『建築文化』一九五八年一〇月号）

II 建築の設計について

広島平和記念資料館
設計　丹下健三
撮影　石元泰博

日本の建築家――その内部の現実と外部の現実――

本稿のテーマは一九五六年、日本建築学会七〇周年記念事業の一つとして、この八月一八日、六甲山で催された近畿支部主催の〝現代建築討論会〟にて、建築家――その外部世界と内部世界、といった主題で提出したものである。私じしんにとっても不確実なところを残しているものであったが、その場で参加者の貴重な批判や意見をたしかめることができたことは幸せであった。本稿の内容にはそれに負うところが多いことをこの討論会に感謝しなければならないが、また、さらに批判されるところがあるとすれば、すべて私の責任においてそれを受けなければならないことも当然である。

建築家の内部の現実

――『新建築』六月号「現代建築の創造と日本建築の伝統」にたいする諸批判にこたえ、創造の論理を再び明らかにする

『新建築』〔一九五六年〕六月号の私の「現代建築の創造と日本建築の伝統」〔本書五五頁〕は、伝統のことを取上げつつ、主として建築家の内部世界をあきらかにしたい意図から書かれたものであった。

本稿では、主として建築家の組織のことに視界をしぼって、建築家の外部世界のこと、さらに外部世界と内部世界とのつながりをあきらかにしたいと考えている。

しかしその前に、この討論会でも問題になり、また七月二八日、国際文化会館で行われた「建築懇話会」でも討議され、また『新建築』〔一九五六年〕一〇月号に葉山一夫の批判があり、『美術批評』〔一九五六年〕九月号に岩田知夫の批判もあるので、ここでは十分に応えることはできないが、一応、その論旨を明確にするために、再びここにその要旨を繰り返すことを許していただきたいのである。

私は創造の――内部を明らかにするために、創造の姿勢、あるいは態度といってもよ

い――と、創造の方法とは、相互に深く貫入しているものであるが、しかしそれを一義的に、無媒介に結びつけて考えることは問題をかえって曖昧にする危険があり、むしろ、分けて考えることが正しいと考えたのである。

創造の姿勢と私がよんだところのものは、どこからくるのかといえば、それは現実の認識からくるものだと考えたのである。それは世界観として日々の実践の態度につながっている。それはまた創造の姿勢でもある。そのような姿勢によって創造された作品の表現にはその姿勢が反映される。たとえば、日本の伝統のなかにある〝もののあわれ〟〝わび〟〝さび〟などは、その人たちの現実認識から生れた生き方であり、また創造の姿勢でもあり、それと同時に、作品の表現にもまとわりついているところのものを、私たちは指していることを考え合わせるとき、その間の関りあいは明らかになるであろう。

このような現実のあるがままの肯定、あるいは、あきらめにちかい宿命観は現在の日本人の生き方、創造の姿勢、あるいは作品がもつ表現にもあらわれているところのものであるが、ただそれが無自覚にうけつがれている場合が多いのである。それをまず意識の層にもってこなければならない。私はたんなる無自覚な慣性や、たんなる遺跡を伝統と呼ぶ必要を感じていない。伝統とは意識化されてあるものだと考えている。そうして、日本の宿命観のようなものも、それが意識化されることによって、その克服も可能になるのである。そうしてそれを克服してゆく力は、現在、この現実に働きかけ、それを発展させつつある人びとの歴史的役割とその力、あるいは民衆の生活のエネルギーである。またその存在を自覚し、認識することによって、私たちの創造の姿勢と作品のもつ表現から、〝もののあわれ〟的宿命観をぬぐい去ってゆくことができる。

私の〝わび〟〝さび〟的なものにたいする否定的態度は、あまりにも苛酷すぎはせぬかという批判を Dr. Gropius から、また他の多くの外国の建築家から受けた。僅かではあったが、日本の建築家からも受けた。

私はこのようなものの芸術的な高さ、あるいは深さを認めてはいるが、しかし現在、日本の建築、もっと広く日本の生活の前進にたいして、そのような姿勢は積極的な役割を果しえないと考え、そのような態度や表現を日本の生活から拭い去りたいと考えているのである。また拭い去ることを可能にするような民衆の生活のエネルギーが、日本にとっては、はじめて現実に社会的な実体として現われているのである。

一方、建築の創造は、方法的なものに媒介されてはじめて実現されるものである。ここで方法的なものといっているのは、科学的なもの、技術的なものを含んだ概念である。

方法は、生活の知恵としてあるいは技術として歴史的に蓄積されてゆくものであり、そのために、その伝統の継承が可能であり、また必要なのであるが、また方法は、現実とぶっつけあうことによって発展してゆくのである。むしろ、方法は、現実のなかから生れてくるものであるといった方がよい。

創造において、この姿勢と方法はきりはなすことはできない。創造を可能にするものは、方法的なものである。そうして、創造されたものに映し出される表現は、より多く姿勢にかかわりあうものである。

岩田知夫は、これを二元論であるとして、その反証として、つぎのように述べている。ミースの造型は、鉄とガラスとに対する絶えまない研鑽、この素材との長い格闘のすえに到達した造型である。一方、ル・コルビュジェは、コンクリートの彫塑性の発見に、その造型がかかっており、現場打ちの荒々しさの中に、コンクリートという素材の中に、自己を発見した、と。そのこと自身は正しい。しかし、鉄とガラスへの方法的な研鑽が、オートマティックにミース的表現に到達したのではなく、そのような表現は、建築家ミースの姿勢によって生み出されたものである。鉄とガラスも、すでに、バウ・ハウスから、国連あるいは、レバーハウスに到る多くの表現を生み出しているのである。またコンクリートとの方法的な闘いにおいてコルビュジェ的彫塑性がオートマティックに発見されたものではない。ル・コルビュジェの態度がそこに映し出された表現に参加しているのである。初期に、柱・梁・スラブというリニヤーな、線的な構造型式が、彼によって打ち出され、それが今なお、十分に方法的な存在理由をもっているという現実とてらし合わせるならば、このことはさらにあきらかになるであろう。このことを考えれば、マルセイユのアパートのもつ彫塑的表現も、ロンシャンのチャペルの表現も、たんにコンクリートに内在している本性であるとかんがえるだけでは、創造の問題をあきらかにはしない。彼の姿勢がそれをあばき出したのであるということを忘れてはならないのである。岩田知夫がここでおかしたようなオートマティズムにおち入ることを防ぐために、私は創造における姿勢と方法とを分けて考える必要を主張したのである。

姿勢と方法、そうしてその方法によって創られたものがもつ表現、それらはオートマティックに結びついているものではない。方法は現実の多様性を反映して、多様である。方法をなす要素のなかには、抽象あるいは選択の可能性が存在しているのである。姿勢と方法とはそれぞれに本質をもっており、それがオートマティックに結びつくものではないために、かえって、それの統一として創造があるのである。

さらにまた一部の公式的唯物論者が、しばしば――日本の建築家が当面しているのは、どのようにして創るかという問題ではなく、建築家が人民か、支配者か、どちらを向いて仕事をしているかということである――というようなとき、その前半において私のいう方法的なものを考えており、後半は私のいう姿勢的なものを考えているのであるが、彼等はここで、――姿勢こそ大事であるが、方法は二の次である――といっていることになるのである。このような二者択一におち入るのを防ぐためにも、私は姿勢と方法とを分けて考え、その統一としての創造の構造を明らかにしたのである。このような姿勢と方法との統一、あるいは方法と表現の統一は、すぐれた芸術形象のなかで成立するものであることを、私はここで強く指摘したい。このことを明らかにするために、私は構想力をもち出さざるをえない。

岩田の引例は、またこのような、ル・コルビュジェやミースのすぐれた天才の構想力によって、彼の方法と表現が見事に統一されたものであることを、故意に見落している。

そのような構想力を――一般的にいえば、創造力といってもよいのであるが、ここでより明確に規定してゆこうとする場合、構想力といった方がよいだろう――、私はすぐれた天才のなかに発見するとともに、集団的な構想力を考えている。それは歴史的過程でしばしばあらわれている。

民衆の生活のエネルギー――民衆のポテンシャルなエネルギーとは、現実の矛盾のなかで、それを克服しようとする姿勢なのであるが――と生活の知恵――方法――とが見事に形象的に統一されてゆく歴史的過程は、民衆のなかに集団的な構想力が現われることを示している。私がリアリスティックな立場といっているものは、建築家として、そのような民衆の構想力の歴史的な創造過程に参加してゆく、ということなのである。この場合にも、もちろん、建築家はオートマティックに歴史に流されるのではなく、彼が構想力をもつことによって、民衆の歴史的な創造過程に参加することができるということを忘れてはならないのである。

またこの構想力は、協同設計のすぐれたチームにおいても示される。とくにすぐれた、という意味は、チームが姿勢において共通の視点にたち、豊かな方法を修得しているばかりでなく、チームによって行われる討議のなかから、発展的に形象を構想してゆく能力をお互いにもつときにのみ、はじめて個人の能力をこえたチームとしての構想力が示されるのであることを指摘するためである。しかしこの場合にも、協同の討議や作業によって得られる認識は、個人の認識をこえて、普遍的な認識にたかめられるという風に、オートマティックに考えることはできない。そこにはおのずから、チームとしての個別性の限界があることを忘れてはならない。

この構想力の問題は、――それは建築家の技倆と能力を軽く評価する傾きのある最近の建築論議をゆさぶるものであるが――さらに別の機会に明らかにしたいと思っている。

さらに私はこの創造の姿勢は現実認識から生れてくるものであるといった。現実認識において、そこに矛盾をつきとめ、――この矛盾には必ず民衆のエネルギーがポテンシャルにかくされているものなのであるが――それを克服しようとする場合、彼の姿勢は積極的となり、また民衆のエネルギーに応えることのできるような健康な表現をその作品にうち出すこともできる。逆に、この現実を、不可避な、必然的なものにあるとする客観主義的認識は、現実のなかにある矛盾をとりだすことも、それを克服しようとして潜在している民衆のエネルギーを掘りおこすこともできないで、彼を消極的な姿勢に追いこんでしまう。そのような姿勢によって創造された作品は、健康な表現をもつものではない。

しかし、このような現実認識には、社会科学的・自然科学的知識を必要としているであろう。しかしそのような認識は、つねに歴史的な実践によって検証されながら、確められてゆくものである。それは書斎的、ロビンソン・クルーソー的知識の集積であるのではない。建築家が書斎でいかに社会科学の書物に読みふけったとしても、そのことだけからは、彼は建築家として、現実を正しく認識してゆくことはできない。建築家は、建築の創造という実践によって、いいかえれば、建築創造を現実にぶっつけてゆくことによって、彼の認識をしだいに深めてゆくのである。彼にとっての認識は、科学者が概念による認識をしてゆくのとちがって、形象による認識をも行っているのである。建築家の認識とは、概念による認識と形象による認識、科学的認識と芸術的認識の統一としての、特殊な認識である。その認識を、建築家は、建築を創造することによって行うのである。建築の創造は現実認識の一つの特殊な形態であるといったのは、こういう意味であった。

いつか、灰地啓が、民衆がインターナショナルを高唱しながら行進してゆくところにふれるのでなければ民衆をしることはできない、という風なことをいっている(『建築文化』一〇一号〔『新建築』一九五四年一二月号か〕)が、まだ、それでは建築家の立場ではない。建築家が民衆のエネルギーに触れるのは、そのような行進においてではなく、民衆と建築とのかかわりあいにおける矛盾のなかに、それを克服しようとするエネルギーのポテンシャルを見るときである。建築家は建築の創造という実践によって、それに触れることができるのである。このことについては、『建築文化』〔一九五六年〕一〇月号の「おぼえがき」〔本書一七一頁〕を参照していただければ幸いである。

葉山一夫はこれにたいして、『新建築』一〇月号に、認識論と表現論――ここでは彼のいう表現は、むしろ私のいう創造に、ほぼ該当している――を混同すべきでないと語っている。当然のことである。私が――葉山一夫は一人の特殊な人間である――といったとしても、私は葉山一夫論と人間論とを混同しているのではない。私が――建築の創造は現実の認識の一つの特殊な形態である――といっても、創造論と認識論とを混同しているのではない。それに従って彼はまた、私のいうような考えが、創作活動を研究活動のなかに解消し、さらに研究活動を政治主義的行動にみちびいたいままでの苦い経験の根源をなしているという。これは全く逆であって、創造と認識とは全く別なものであると考え、まず鉛筆をにぎる創作活動は、現実認識によって支えられていなければならないし、それが前提になる、しかも、その認識は研究活動や政治的行動によってのみ得られるものである、とするような葉山一夫的な考えかたが、彼のいう苦い経験の根源をなしているのである。だからこそ私は、建築家は建築創造によって、建築家としての認識を深めてゆくことができる。なにも自ら研究活動を行ったり、さらに政治的行動をしなくても、建築家としての認識は深められてゆくものであるし、逆に政治的行動に参加することによって、建築家の認識が深められはしない、といっているのである。さらに進めていえば、建築家は、建築創造の方法的な体系にうらづけられた構想力によって、現実を認識してゆくのである。『建築文化』一〇月号には、このことについての私見をのべたつもりである。

葉山一夫は、認識と創造は一つの環であることを概念的には理解しているにかかわらず、実感として理解することができないでいる。認識は物質から精神へというコースを歩み、創造は精神から物質へというコースを歩むものと単純に考えており、認識は、物質―精神―物質という実践的な環であり、創造も、精神―物質―精神という実践的な環であって、深く重なるものであることの実感が、彼には稀薄であるように思われる。

建築家の外部と内部
――内部から外部に向かう創造力と外部から内部に働く職分組織はきりはなすことができない

建築家も社会の一員であり——私はここでは意識的に漠然とした社会という言葉をつかいたい——社会と深いつながりをもつものであることはいうまでもないことであるが、しかし建築家は、建築家としての特殊な職分と立場をもつことによって、社会と対決しているのである。

日本のばあい、現在、数万の建築家が、日々、創造の営みをしている。建築家たちは、日々、クライアントと交渉し、仕事場で創作活動を行い、また建設業者やその技術者との話し合いや監督に余念がない。そうしてその報酬によって——fee や salary や commission によって生活を営んでいる。また出来上った建物にたいしては、その使用者や建築家仲間や、さらに一般からも、有言、無言の批判をうけている。このような日々の建築創造の営みを通じて、建築家は、クライアントの背景にその社会的経済的立場あるいは政治的立場を感じ、またその建物の使用者の背後に広汎な民衆の存在を感じ、またそのようななかに矛盾を認識するだろう。また創作や建設を通じて、建築の科学や技術的体系の有用性やその限界を、さらにそこにおける矛盾を知るだろう。その技術の水平上に、生産力の水準や、生産関係のあいだの矛盾などにつきあたることもあるだろう。

また日々の生活のなかで矛盾に遭遇するだろう。

　このような日々の建築創造の営みは、それぞれの建築家の現実認識をかたちづくってゆくのである。そうしてその現実認識はさらに翌日の実践の糧になってゆくのである。またこういうなかで、建築家が、建築家であることの職分の意識もつくられてゆくのである。

　このようなところが、建築家と現実社会との、接触面の実体をなしているのであり、それは対決の場面でもある。その対決の場面において、建築家はこの現実社会をどのように認識しているのであろうか、また建築家の職分の意識をどのように形づくってゆくのであろうか。

　日本の場合について、結論的にいうならば、こういってもよいであろう。この対決の場面において、一方には強い封建的な勢力の残渣、権力や権威に遭遇し、他方、その問題の解決や克服は、すべて建築家の個人個人の努力にまかされているのである。建築家は、この現実社会との対決のなかで、自己の立場と位置をしかとつかまえることができないばかりか、彼が社会にたいして、いかに奉仕し、それに対して、社会は彼にいかに酬いようとしているのか、その相互のつながりも、きわめて不確定である。建築家は、その職分をいかに意識すればよいか、さえ見定めることができないでいる。そうしてそれを横に広く、連帯的に意識してゆくこともできないで、この現実との対決は、いぜんとして個人にゆだねられており、対決の場面を、対決の戦線に統一することができないでいる。

このようなところで、日々繰返されている個人的能力をこえた苦難の体験は、建築家のなかに、あるときには無力感として、あるときには逆に悲愴感としてゆがめられて反映されてゆき、さらに生活地盤の不確定さは、不安感として消極的に反映している。だから、その体験を、普遍的な認識に広め、さらにそれを積極的な認識に高めてゆくことを困難にしている。建築家は、その創造力を十分に発揮することができないばかりか、創造力をしだいにすりへらしてゆかなければならない。

このように、建築家の外部世界と内部世界は深くつながっているのである。私は建築家の創造力をこのような鬱積した状態から解放するために建築家は、外部世界をさらに見つめる必要がある。社会との対決を、さらに強く意識する必要がある、と思っている。それは対決の戦線を意識することなのである。

このような日本の建築家をとりまく外部世界の現実は、どうして生れてきたのであろうか。それは日本の社会構造の歴史的な過程から生れてきたものであるだろう。と同時に、そこから生れた建築家の意識がまた、慣性的に作用していることも見落すことはできないだろう。これらについて、構造的に明らかにしてゆくことは、私の能力を超えた問題であるが、しかし、ここで、現象的にあらわれている幾つかの点について指摘することも、むだではないであろう。今後、建築史家がさらにこの建築家の現実をさらに明らかにし、私がここでおかすであろう誤りを訂正し、批判されることを、むしろ、私は望みたいのである。

いわゆる建築家
――その職分の立場と意識は西欧市民社会において形成された

このような問題について、多少とも考えを進めるにあたって、まず私は建築家とここでいっているものは、決して一般概念ではなく、歴史的規定をもったものとして把えられないかぎり、現実的な理解に到達しえない、ということを明らかにしておきたいのである。

私たちが、漠然とではあるが、建築家というものについて感じている、自由職業としての建築家、そこからくる職分意識は、ヨーロッパの近代市民社会のなかで醸成されたものであるとみてよいだろう。

すでにヨーロッパでは、古代社会において建築家層が現われている。しかし、これについて触れることは、私にはできない。むしろそれが、封建中世にいたって、建築家的存在が、建築職人層のマスター、あるいは棟梁的なものになってゆき、そのように、一応還元されたところから再び近代的意味の建築家が登場してくるという点に注目したいのである。

それは、新しく興ってくる市民層が、封建的勢力から、しだいに脱出してゆく過程、例えば、一三、一四世紀の頃のゴシックの建築に現われるように、個人の意志と集団の意志が調和するように感じられるようになると、建築家が再び登場しはじめるのではないかと、漠然とではあるが考えている。しかし、建築家というものの実感は、自由・平等・博愛を目標とした近代市民革命以後に、成長したものであるとみてよいだろう。近代市民社会は、本質的には、資本と労働という二つの階級に分裂してゆくものなのであるが、しかし、その分裂以前の、いわゆる市民層が、中間層として幅の広い社会的実体として存在していたといえるだろう。そのような市民層のなかで、建築家も一人の自由なる市民であり、また彼が奉仕する社会も、その同じ市民層であり、彼は市民社会に奉仕するとともに、その市民社会の一員としての自由なる市民であり、また市民社会の利益と立場とを身をもって実感しえたのである。自由なる職分としての建築家と、市民社会との対決のなかで、建築家たちは社会的な矛盾を実感することは、きわめて稀であったにちがいない。そのような恵まれた条件のなかで、建築家は、クライアントとも、施工者とも、分化してゆきながら、自分たちの自由を獲得していったのである。

建築家はクライアントにたいして、善意と信頼、努力と報酬という相互の自由な関係において、職分上の忠告者であり、助力者である。また施工者にたいしては、経済的に完全に独立であり、自由であって、技術的指導者であるとともに、その利益を侵害しない。このように、建築家はクライアントと施工者との間に立って、公正に自由に行動するという建築家の基本的立場と、また、それによって、建築家は彼の住む社会――彼の住む市民社会――の福祉に奉仕するものであるという自覚と意識、また一方、社会から建築家に与えられる評価が、成熟してきたのである。このような建築家と社会との相互関係――まったく矛盾のない対決は――、市民社会の個人の利益と社会の利益が調和するものであるという実感のうえに、はじめて成熟することができたのである、と考えてよい。しかし、これとても、自動的に成熟したものではなく、建築家はその社会的・経済的立場をまもるために、社会にたいして対決の戦線を組織してきたのである。それはギルド的なものから、次第に、契約によって社会につながる民主的な立場による組織に制度化されてきたのである。そのことは欧米のＲＩＢＡ〔英国王立建築家協会〕やＡＩＡ〔米国建築家協会〕がよく示しているところである。

しかし現在、とくにアジア諸国、あるいは日本、さらにヨーロッパの一部において──すでに成立している社会主義国家は別として──建築家は社会との対決において、多くの社会的矛盾を体験し、実感しはじめている。おそらくそれぞれの国のおかれた社会的経済的条件によって、その体験と実感は異なるであろうが、一般的にいいうることは、建築家がおかれている階層であるいわゆる中間層が、社会的な実体感を喪失しつつあり、また崩壊しつつあるという現実からくるものである。世界的な規模で、資本主義社会と社会主義社会が対立し、国内的には、資本と労働の対立がますます実体化してゆくにつれて、中間層は、市民社会においてのような、安定した層としての実感をますます稀薄にしてゆくのであるが、建築家も一人の中間層として、それから逃れることはできない。彼は理論的に資本主義の立場に立とうと、社会主義の立場に立とうと、また感情的に、資本の側に立とうと、労働の側に立とうと、彼は本質的には、資本家でも労働者でもない。いずれの立場と利益をも、実感することは困難なのである。彼が善意と努力をかたむけて奉仕しようとしている社会とは何であるのか、彼が評価と報酬をそこから得ようとしている社会とは何であるのか。ここでは社会というような漠然とした言葉は、彼の実感に訴えることがないのである。

このような現実は、——建築家とは何か——という問いを、あらためて確めなおすことを必要とする転機になったのである。

私は、日本の建築家も、このような転機に遭遇しているという一般的現実を一応念頭におきつつ、しかもなお、日本の現実のなかには、きわめて特殊な、むしろその転機以前の問題がより多く鬱積しているということを明らかにしてゆきたいのである。

日本の建築家の特殊性
——それは市民社会を経過することのなかった日本社会の特殊性にもとづいている

私は日本の歴史のなかに現われた建築家的存在がいつからはじまったのかを知らないのであるが、一般的にいって、クライアント、建築家、施工者の分化は、ヨーロッパ世界に比べるならば、不十分にしか成熟しえなかったような歴史的条件があったように思われる。

例えば法隆寺の建築を聖徳太子の指図とし、さらに近世の例としても、桂離宮の建築を八条の宮の指図によるものと史家が示すところなどは、あきらかにクライアントと建築家の分化が未だ十分には行われていなかった歴史的事実を示すであろうし、また近世の茶人や禅僧が建築の設計を自ら行ったことなども、このことを示すものであろう。とくに近世封建社会における普請奉行などの存在は、ヨーロッパの近世市民社会における建築家と特徴的な対比をなすものであろう。小堀遠州なども、そのような奉行的存在であったように思われる。そのような存在は、徳川幕府という封建的権力の内側にあって、その利益代表であり、またその代弁者でありつつ、また設計者でもあり、工事監督官でもあったのである。さらに施工もおそらく直営的に行われたであろうし、工匠または職人はその全き従属下にあったと考えてもよいであろう。

このような形態は、日本が明治の維新によって近代国家として立上ったあとも、強固に残されていた。日本の土木事業における形態は、官庁によって企劃され、予算化され、さらに設計が行われ、そうしてその施工は直営というかたちで片務契約的に行われていたことなどは、その一例であろう。つい最近になって請負企業の力のたかまりにつれて、ようやく、施工の分化が現われはじめているといった状態である。さらに建築においても、官庁営繕の組織が強力に残されていることも、このような歴史的過程から思い合わせることができるだろう。戦前まで強い勢力と権力とを占めていた大蔵省営繕管財局はそのような国家権力の代弁者的位置を保っていたのである。

そのようななかで育てられる建築技術者は、宮仕え的奉公意識に支えられており、国民への奉仕という意識は、ほとんどもつことがなかった、ということは、もっともありうることであった。

しかしそのような時にも、逓信・鉄道などの建築技術者は、専門的技術的なものを武器として、宮仕え奉公意識には抵抗を示し、独自の技術的成果を挙げたことを忘れることはできないし、また地方自治体の建築技術者のなかには、学校建築その他において、市民への奉仕という意識をもりあげていったもののもあったことも特筆に値いすることであろう。また同潤会という半官半民的なもののなかから、住宅問題をとりあげ、そのなかで、建築技術者は大衆への関心を深めていったことも、記憶さるべきであろう。

この戦後、国家権力の外からの解体によって、営繕管財局的存在は許されなくなり、建設省、各省や地方自治体あるいは住宅公団などにおける官庁建築技術家層のなかには、新しい型の官庁建築家が芽生えつつあるという希望をもたせる傾向が現われている。しかしまた反面、国家権力の回復に従って、——それは帝国主義的段階における資本主義国家の一般的傾向である——その将来を危惧させる面があり、また日本の歴史的過程からくる残渣が、十分には克服されてないままでいるところなども、十分に反省する必要があるように思われる。

国家が社会主義化するにつれて、あるいは社会主義の成立している国家において、官庁建築家の役割と位置はますます大きく重たいものとなりつつある。しかし、そのようなところでは、国家権力にたいしては奉公し国民にたいして奉仕することをしらない建築家であることはできないはずであるからである。

一方日本の封建社会における大工または棟梁は、自ら設計をし、また自ら施工をしていた。そうして現在でも棟梁または大工の設計施工による建築は多いのである。そうして、施工が請負という商業的企業形態をとったあとも、設計と施工の分離分化は進展しないままであった。現在の請負企業にはほとんど設計部門が従属しており、とくに大企業においては一般建築事務所の匹敵することのできないほどの大規模な設計組織が存在しているということは、日本の特殊性であり、また日本の歴史的過程から説明しうるものであるかもしれない。

このような大組織のなかで、また豊富な仕事の機会と経験をもった建築技術者が、技術的には、一般建築家に比べてむしろ優れている面がありうることは当然であろう。また、企劃、設計、建設、そうしてその建物の商品化という一貫的な企業が大請負企業のなかに見えはじめた最近の傾向であるが、それはまた資本主義の独占形態における当然の方向でもあるであろう。

しかし、なおまだ現在、建築家と請負企業とのあいだには異なった立場、異なった利益関係が現実に存在する以上、まず建築家と施工企業の分化という過程を十分に行うことが必要である。さらに高次の総合がありうるとすれば、それは社会主義の国営企業においてではないだろうか。

しかし、日本のこの現実を度外視することはできないし、そのようななかで設計活動をしている大量の請負建築技術者層の存在を度外視することもできない。建築家と請負建築技術者との対立はいたしかたのない現実である。それは簡単に解消するようなものでは決してないであろう。だからといって、この対立とこの対立の歴史的・現実的意味を曖昧にしてはいけないのである。

日本の歴史のうえで、西欧的な意味の建築家、いわゆる自由なる建築家は、辰野金吾にはじまるといってよいであろう。今から七〇年ばかり前のことである。しかし、日本の社会は封建的な社会から市民社会を経過することなく、資本主義社会につきすすんでいたのであり、すでにいったように、建築家の成熟する市民社会の地盤はひじょうに脆弱なものでしかなかったといえるであろう。辰野金吾も、そのような日本の社会的地盤から生育してきたのではなく、やはり、西欧的なものの、日本への移植を行った最初の人であったといったほうがよいだろう。もちろん、彼の建築家としての立場、またその意識には、ときの権力にたいして、また施工者にたいして、毅然たるものがあったといわれている。しかしその背景をなす市民意識は、日本には成熟していなかったのである。

当時、西欧的な建築家として教育をうけた人たちも、ほとんどが、国家と結びつくか、あるいはその権力、権威によって、その立場をかろうじて主張したのであった。そういう状況のなかで、ある人は建築行政監督官となり、また官庁建築技術者となり、あるいは大学教授となった。またある人は、請負の建築技術者となり、またその経営者ともなっていった。あるいはまた、財閥の営繕課的存在となるものもあった。一人の自由なる市民としての建築家などは例外的にしか、その存在は許されなかったといってよい。

このようなことは、日本の貧しい社会において、建築家の設計を必要とするような建築は、国家資本か、あるいは財閥によるものであって、一般国民のものは、ほとんど棟梁か大工まかせであったという事情からみて、当然のことであろう。それはまた、日本に市民社会を成熟させなかった社会的条件と、うらはらのものなのである。

日本の建築家の生いたちは、すでにその出発から、ゆがめられ、苦難の道を歩まなければならなかったのである。そうして、ようやく活路を見出してゆくのは、第一次大戦後、日本資本主義が帝国主義への発展を急速にとげた時期であるといってよい。その時代に、独立してゆく建築家層が、しだいにその数を増してゆくのである。

しかし第二次大戦の準備期から、その戦中にかけて、日本資本主義が、極端な国家主義的色彩をおびてき、それらの独立建築家層は、しだいにその社会的地盤を喪失していった。ただ官庁建築技術者は、国家の技術家として、また監督官として、その力を増したし、請負建築技術者は、軍需工場や基地設営の第一線部隊として活発に生きていた。独立建築家層は、そのような国家権力にたいして抵抗してゆくことなどは許されず、その統制下に下請的存在となり、ある場合には、請負企業の従属的存在にさえなりかねない苦難を味わったのである。

第二次大戦後の建築家の歩みは、国土の荒廃・経済の麻痺状態、外からの財閥解体、民主化、それらを覆う被占領状態という条件のなかから再出発してゆくのであるが、その当初は、占領軍の設営に参加すること以外には、建築家に与えられる仕事はほとんどなかったといってよい。であるから、かろうじて戦中をたえてきた独立建築家は、再び、そのような設営に参加する以外に、生きる道はなかったのである。

日本の社会の立ちなおりが進むに従って、戦前の地盤をあしがかりとして、あるいは新しく地盤を獲得して、独立建築家層は、恐らく日本の歴史はじまって以来の数に達するようになったのである。その途上で、国民の要求であった住居——とくに集団住居やアパート——やその他の社会的・公共的建築よりも——そのほとんどが官庁建築技術者によって設計されていた――むしろ日本資本主義の変態的な回復のためにおこった、商業的・投機的建築が、そのような独立建築家層の対象とするものであった。さらに新しい事実は、国民の住居の自力建設に、新しい建築家層が積極的に参加しはじめたということである。

このように、日本の建築家の歩みを、歴史的に展望してみるとき、かなり特殊な社会的条件が存在していたことに気づくのである。それは、日本の近代社会には建築家を成熟させる社会的地盤であるところの市民社会が充分に成立していなかったという基本的条件である。国家機関のもとにある官庁建築技術者層が、勢力と幅の広い地盤をもっているということ、請負企業のなかに編入された設計技術者層が、しだいに膨大な組織をもってゆくということ、も、そのような基本的な条件から出てきているとみることができる。日本の建設量のうち、官庁・請負・独立建築家、この三者の設計量の割合は、正確に把えることはできないが、恐らく互角のものではないだろうか。

独立建築家層は、基本的には、市民社会を経過することがなかったという社会的条件によって、現象的には、官庁・請負にその活動の領域を先取されて、苦しい歩みを続けてきたのである。

そのような過程で、日本の建築家は建築家の社会的な役割・責任・立場についての自覚をもつことが、充分にはできず、建築家の職分意識はきわめて稀薄であり、また建築家層を横に結ぶ連帯意識をもつことができず、職分組織をかためて、社会との対決の戦線を統一してゆくこともできないでいるのである。

日本の建築教育制度
——この未分化な変態的な制度は、建築家の職分意識の成熟をさまたげた

日本の建築家の職分意識を稀薄にし、またその職分組織をかためることを困難にし、さらに建築家と社会との対決において、不確定な要素を多く残しているといった日本の特殊な現実をかたちづくったことの直接的な要因の一つとして、日本の特殊な建築教育制度を考えないわけにはゆかない。

現在日本では、年々千余の学生が、いくつかの大学建築科を卒業して社会に巣立ってゆく。驚くべき数のように見えるが、しかし、恐らくそのうちのごく僅かが、建築家へのコースを歩んでゆくに過ぎない。たとえば東京大学建築学科の第七六回生までの生存

者は約一四〇〇名であるが、その内訳は、大学教職員一〇%、官庁職員(地方官庁を含む)三〇%、会社営繕五%、建築業(材料業を含む)四〇%、残りの一五%が建築事務所ということになる。大学教職員・官庁・会社営繕などのうち設計に従事するものを含めてみても全卒業生の二五%〜三〇%が設計関係のコースを歩んでいるにすぎない。このように日本の大学の建築教育制度は、建築に関係するあらゆる人を教育するところであって、専念、建築家を養成するところではないのである。私の見聞する範囲では、欧米はもとより、南米・メキシコなどの建築教育において、日本のように未分化な制度をもっているところを知らない。

世界的に見て、建築の教育機関としては、美術大学系のものと、工科大学系のものとがある。美術大学系のなかにあるものは、専一に建築家の養成機関であって、多くの場合、他の美術から独立した制度をもっているものが多い(フランス・アメリカの一部・日本の芸大など)。

工科大学系に属するものは、数からいっても前者よりはるかに多く、一般的には、この方式のものが、よいとされている。しかし、欧米やブラジル・メキシコなどにおいても、建築科は、少なくとも建設技術科からは独立しており、その学科修業年限においても、技術科に比べて、少なくとも一ヶ年、多いところでは二年〜二・五年長いことが要求されている。ハーバード大学のごときは、大学の課程には建築科はなく、大学院の課程に入って、はじめて建築科が存在しているのである――逆にこれらの傾向にたいして、建築教育方法を視覚教育の方法に徹底させて、年限を短縮すべきであるという批判まで生れている。――さらに注目すべきことは、建築科は、スクール・オブ・アーキテクチュアとして工学系から独立した建築科をつくっているところが多いことである。建設技術学科の卒業生は他の機械、また電気などと同じく工学士の称号が与えられ、建築系は、建築学士の称号が与えられるところがまた多いのである。このように、建築教育制度は、充分に分化しており、また後進国においてもこの分化独立のために、闘争が続けられてきたのである。そうしてそのような闘争には、社会で実務にたずさわっている建築家層またはその組織が協力的に参加し、その運動の促進に寄与しているのである。

そのような建築学科の教授陣は、原則的には、建築家であって、またその教授建築家と事務所建築家との交流交替は、しばしば行われている。

むしろ建築家としての彼の業績が、彼の教授としての資格であって、日本のように、研究業績や博士号が教授の資格であるのではない。であるから学者は、専門家として部分的に教授陣に加わるか、あるいは、工学系の他学科——建設技術科を含む——からさらに文学系、経済系からも兼任教授または講師として迎えられるにすぎない。建築家であり、かつ教授であるということはきわめて自然なことなのであるが、私自身をも含めて、まず大学の教職にあって、設計にたずさわるというような存在はその成立の順序が全く逆であって、やはり日本の特殊性にかぞえられるであろう。

このように建築科はあくまで、建築家を養成するところであって、日本のように研究者・技術者・企業内技術者・行政官を養成するところでは決してないのである。日本の未分化な建築教育制度は建築が総合であるという意味において積極性があると考えることができるかもしれないが、日本の新教育制度における二年あるいは二・五年の専門課程ではいずれも中途半端となってしまうであろう。

建築科は、建築家を志す人びとの教育修練の場である。そこでは、学生のあいだに、すでに、建築家であることの意識が養成される。

日本のように、たまたま幸運とある程度の才能にめぐまれたものが、建築家へのコースを歩むのであって大部分のものは、いざとなれば、官庁や請負に逃げこむことができるようなところでの学生の意識は、建築家として充分に成熟しないのは当然であるといわねばならない。

このような日本の建築教育制度が、建築家の職分意識を稀薄にし、社会的役割と立場を曖昧にしてきた非常に大きな要因をなしているのである。

日本の建築家の組織

――日本建築学会の建築界における効用と限界　それの建築家組織にあたえた悪影響――日本設計監理協会の歪められた苦難の生いたち――日本の畸型的な建築士法――日本の建築運動の観念性

日本の建築に関係する組織のなかで、もっとも固い地盤をもち、権威と勢力をもっている団体は、すでに七〇周年を重ねた日本建築学会であろう。これは建築に関係するあらゆる人たち、学者・研究者・官庁行政官と技術者・請負業者と技術者・材料業者、そうして、独立の建築家をふくんだ包括的な組織であって、約一万五千の会員をもっている。そのうち、独立建築家――その事務所で働いている人を含めて――の数は一〇%にすぎない。かりに、官庁営繕の設計技術者・大学関係・会社営繕などで設計に従事しているものを加えても二〇%程度である。だから、あたりまえのことであるが、これは決して建築家の集団ではない。

しかし、このように多方面の人たちが、一つの組織に結集しているということは、恐らく世界にもその類をみない特異なことなのであり、それだけに大きな積極性をもっていることも否定できないのである。建築がこれらのあらゆる面の総合のうえになりたつ以上、それらを広く横にむすんだこの学会組織は、各分野の連絡協議機関として、機能を果してきたし、また成果を挙げてきたのである。これが、学会を社会的な権威として育てあげた大きな理由となっているだろう。

しかし一面、そこには、欠陥をもっている。その一つは、各分野の人たちが、それぞれ各自の任務と立場の自覚を、曖昧なものにしてしまったということである。建築家についていえば、建築家の職分意識を成熟させることの障害になったといえるのである。それぞれの分野が、各自の任務と立場を充分に自覚したときに、学会は建築に関係する各分野に連絡協議会として充分に機能を発揮することができるのである。

もう一つは、学会のなかには、学閥・官閥などを背景にした権威や勢力が、残されているということが、建築家の職分組織を整えてゆくことの障害ともなったということである。もちろんそれは、学会だけのことではなく、広く、社会的な問題であったのであるが、こんなことがあった。

戦前、独立建築家層は、日本建築士会を中心として、建築士を国家的に資格づけ、建築家組織を制度化しようと、懸命に努力してきたのであったが、日本の社会的条件はそれを受けいれなかったのである。より直接的にいうならば、学会に依る学閥・官閥的勢力や業界勢力がそれを拒んだのであった。この戦後、建築士法が再燃した。しかしその立案は、建設省の行政官を中心として進められ、学会の一部の官閥、学閥的勢力に相談がもちこまれ、全く骨抜きになった建築士法が制度化されたのであるが、その立案からは、独立建築家層は完全にしめ出されていたといってよいのである。それはまた一方、独立建築家層が、それをおし出すための充分な職分組織をもっていなかったことにもよるのである。

そのような経過によって、現在、約二万五千の一級建築士、さらに約五万の二級建築士が、国家から建築士であることを資格づけられたのである。このように大量の法定建築家群をもつ国は、世界にその例を見ないのである。かりに一級建築士の構成をみれば、それはほとんど学会会員と相似の平行関係をもって、建築に関係するあらゆる分野にひろがっており、それは決して建築家の集団ではないし、少なくとも建設企業の利益から自由な立場にたつところの設計技術者の集団でもないのである。

戦前の、日本建築士会は、少なくとも建築家の職分組織の核であった。しかし、それにもかかわらず、その中心的課題であった建築士法の獲得に失敗したのである。それは、この日本の現実と正面からとり組もうとしたものではなく、建築家の職分意識の観念的移植の運動でしかなかったという弱さにも、起因していたのではないだろうか。

この建築士会は、第二次大戦の直前に、自らを、建築設計監理統制組合に変貌させてしまった。その当時の強力な国家権力や、それに直結しようとした請負企業からの圧力と闘うために、やむをえずとった方策であったのであろう。しかし、この変貌のときに、建築家の人格的な職分の組織であることをよして、国家から与えられる業務の分配統制にあずかるところの同業組合に、質的変化をとげていったのである。このときに、建築家としてこの人格的個人の協会であることをよして、経営体を単位とする経営体組合となったのである。

この統制組合は、戦後、再び日本建築設計監理協会として再出発したのであるが、それは、戦前の日本建築士会の後継者であるよりは、質的にいえば、戦時中の統制組合の継承者であるといってよいだろう。それは一五〇人程度の事務所経営体の代表者をもって構成されている。

これらの団体や組織や制度が、建築家――あるいは建築界といった方がよいかもしれない――が社会と対決してきた戦線であった。それを、建築家についていうならば、その戦線はまことに弱い、殆んど無いにひとしいものであったのである。

ここで日本の建築運動についても、多少触れておきたい。

いま建築家のあいだで、建築家と社会との対決の戦線のことと、建築家の創造の問題がようやく、二つの問題として、はっきり意識されるようになった。この外部と内部の問題は、外部にたいする働きかけが、内部の創造力を解放する基礎であり、また創造力を解放し、高めてゆくことが、外部の働きかけを、より固いものにしてゆくという、切ることのできない関係にあることは当然のことであるが、依然として、外部と内部にはそれぞれ分けて考えなければならない問題をふくんでいる。これを混同し、曖昧にしては、問題を現実的にしてゆくことができない。

日本の建築運動の歴史をみると、この問題の所在が明確に把えられていなかった場合が多いように思われる。日本の建築家はいままでいってきたような体制のなかで、日々、創造を営んできたのであるが、その実体的な現実にたいして、建築運動はほとんど関与することがなく、またそこに浸透してゆくこともなかった。そうして、そのような現実の場から建築運動が育ったこともなかった。

また一方、建築創造の方法をより豊かにしてゆくというような、日々の創作活動に結びつく動きも、役割も果さなかった。

この建築家の外部世界と内部世界は結びついているものであるが、その結びつきだけが観念的に論じられても、それは、外部の問題、内部の問題、そのいずれの問題をも解決してゆくものではない。ところが、日本の建築運動は、その結びつきを、輸入理論や、あるいは社会科学からの翻訳理論で論じるという、全く現実を捨象したような概念性に終始していたように思われる。日本の建築運動が、建設活動の衰微した時期に盛んであり、建設活動が活発になるにしたがって衰えるということは、このことを示してはいないだろうか。建築運動的傾向の人は、建築創造に日々参加している実体的な建築実践には関心を示さなかったし、一方実務建築家は、逆にそのような運動的傾向の人を敬遠していった。そうして、それは敵対的な対立関係におかれて、それぞれが異なった次元で、協力関係にあるものであるという実感がもたれなかったのである。これは日本の建築運動じしんにとって不幸なことであった。

日本の歴史的現実の自覚と克服
――職分組織を新たに確立し、創造力を広く解放しよう

日本の建築家をとりまく現実には、このように、日本的特殊性をもった悪条件が鬱積しているのである。基本的には、日本社会の封建制の残渣、裏がえしていえば、市民社会を経過することがなかったという特殊性、それにからみあって、官庁建築技術陣の勢力、請負企業内の大規模な設計組織、さらにそれの直接的な要因をかたちづくっている建築教育制度の未分化、また日本建築学会的未分化な寄合い組織と、その学閥・官閥的構成、このような近代以前の問題が、横たわっているのである。

そのような悪条件のなかで、独立の建築家は、苦難の途を歩んできたのである。建築家の職分意識は生育せず、建築家の横の連帯組織も確立しなかったのである。さらに、独立建築家層と官庁建築設計技術者とは、つねに敵意をもった対立であって、そこを結ぶ連帯意識などは全く顧みられたこともなかったといってよいのである。また建築運動

の観念性は、運動と実践とを結びつけることもなく、かえって、運動的傾向をとる人と、実務建築家との間には感情的対立さえ生れており、それが異なった役割をもちながら、相互に協力するものであるというようなことは、全く意識にのぼったことさえなかったといえるであろう。

このような、むしろ近代以前の問題や悪条件が鬱積している日本の建築家の現実のなかに、現代的な問題が重たく重なりあって、ますます問題を複雑にしているといってよい。

現代的な問題というのは、こういうことである。この戦後、一方には植民地的形態をとった資本主義の勢力が、戦前にました力をもって登場してきたのである。と同時に、民主的な社会主義的な勢力が、日本の歴史においてはかって見なかった強さと幅をもって、もりあがっているのである。かって市民社会を経過することのなかった日本の社会に、このような二つの階級が、実感として存在しはじめたのである。そのあいだにあって、中間層は、その実体を喪い、崩壊しつつあることが、また実感されてきたのである。市民意識の観念的代弁者の一人であろうとしていた建築家層、本質的に中間層に属している建築家層は、自らの社会的立場への実体感を失いはじめたのである。

このようなとき、彼が奉仕しようとしている社会とは何であるのか、彼がそこから酬いられようとしている社会とは何であるのか、もはや、社会というような漠然とした言葉は、建築家の実感に訴えることができない空虚な言葉になりつつあるのである。――自己は何であり、建築家とは何であるのか――が、再び問題にされ直すことを必要とするような現実が、目の前に現われてきたのである。建築家の構造的な変化が、いまにもやってくるにちがいないという予感に、むしろ恐怖さえ感じはじめたのである。日本の建築家の前に、近代以前の問題と、まさに現代の問題が、同時に重なり、からみあって、現われているのである。

しかし、このような問題をのりこえてゆくために、今こそ、建築家の職分組織――建築家の実体的な組織――がかためられ、すべての建築家を横に広く連帯してゆくことを必要としているのではないだろうか。

国際的に見るときにも、ＵＩＡ〔国際建築家連合〕が、世界の――資本主義圏と社会主義圏をも含んで――建築家の職分組織を横に広くつなげようとして組織化されたことも、このことを物語ってはいないだろうか。それと同時にＵＩＡが、それに参加する国々の職分組織は、それぞれの国における特殊な現実に立脚したものでなければならないといっていることも、世界の現実を示してはいないだろうか。

日本にも、新しく建築家の職分の組織を確立しようとする動きが見えてきたのである。しかし、それは、ＡＩＡやＲＩＢＡの直訳的な移植であることはできないであろう。また、日本建築設計監理協会が、現在、求められている建築家の職分組織の母体となりうるか否かもここで決めつけることはできないとしても、監理協会自体の歴史的過程を反省する必要もあるだろう。求められているものは、どのようなかたちでもたれうるかも私の知るところではない。しかし、すでに述べてきたような、日本の現実を正視し、それに立脚したものでなければならないであろう。そうして現実に立脚するということは、日本の現状をそのまま維持するという方向にではない。日本の現実のなかにある問題に、解決の方向を与えてゆくための場でありうるものでなければならないということである。いますぐに解決されるような問題は恐らく一つもないであろう。しかし、新しい職分組織、新しい実体的な建築家組織が生れるとすれば、そこは、問題の解決がすべての建築家の関心となり、討議され、実践に移すための力がしだいに獲得されてゆく、というような、現実克服へ向かう、建築家層の連帯意識が成熟してゆくような場でなければならない。

そこは、独立建築家層も、あるいはその事務所で建築家として働いている人たちも、あるいは大学に職をもつ建築家層も、官庁の設計技術者層も、ともに連帯してゆくような場でなければならない。

そのような連帯の立場において、建築家の生活を守ることでなくてはならないのであって、今までのように、個人的交渉によって設計料を獲得してゆくというようなことではないのである。

建築家が外部にたいして、その立場を確実にしてゆくことは、建築家の内部の創造力を解放してゆくことなのである。また、建築家は創造力を高め、深めることによって、外部に奉仕するのである。そのことを考えないで、ただ一方的に建築家の設計料だけをたたかい取ろうとするようなことは、むしろ、現実的ではないのである。

もし、新しい建築家の職分組織が生れるとすれば、そのようなものであるだろう。この職分組織の問題が、現在、広い建築家層のあいだで、またジャーナリズムを通して、真剣に討議されはじめたことは、この問題の重要性をもの語っているのである。

職分組織の確立ということが、建築家の外部の問題をふまえながら、建築家の内部の問題につながるのと逆に、建築運動が、建築の内部的な問題をひっさげながら、建築の実体的な外部にたいする活動に浸透してゆくようなかたちで、相互に協力しあうことが——当然あるときには矛盾や対立をふくむであろうが——必要であるだろう。いまはまた、そのような新しい建築運動を必要とする時期でもあるのではないだろうか。

（初出『新建築』一九五六年一〇月号）

おぼえがき——建築設計家として民衆をどう把握するか——

建築と民衆との結びつきについて、どうかんがえるか、また建築家として民衆をどう把えてゆくか、ということでしたが、これはたいへんに難しい問題のようです。おそらく直接にこれに答えることなどは、私にはできません、私じしんの今までの建築の実践も、多かれ少なかれ、このことに関係していました。ですが私は、これで民衆がわかったとか、つかまえることができたとか、と確信をもったことは、いちどもありませんでした。そのような確信にみちて実践することのできる建築家がいるとすれば、たいへんに羨しいものです。

建築と民衆とのかかわりあいは、どちらかが他を規定するといった単純なものではありません、双方が、作用・反作用というからみあいをしております。さらにこの民衆——建築——民衆という環は、再び決して同じ水平面上には帰ってこないという歴史的な環であります。

かりに、具体的な例をあげてみますと、こんなことがいえるのではないでしょうか、鉄筋コンクリートのアパートについて考えてみましょう。鉄筋コンクリートという構造上の技術は、世界的にいってその生産力の段階に対応してできたものだといえるでしょう。ところが、その普及の過程をかんがえると、日本の場合についていえば、その生産関係からくる資本生産主義の経済的・社会的条件がからみあっております。セメントの生産・鉄の生産をどういうかたちでおし出すことが、資本の側にとって好都合であるか、それをどの方面に使うことが、より利益になるか、とか。それによってそのような生産物は軍備に廻されたり、造船に廻されたり、あるいは建築に廻されたりいたします。たいていの場合、それらが建築にふり向けられる場合をかんがえると、景気の安全弁としてであります。

ところが、こんどは、建築のほうでそのような生産物をうけ入れることができなければ、それらの生産部門にたいしては、建築が景気の安全弁としての役割を果すことができません。そこで建築界の内部をみると、都市の不燃化とか、高層化とかの理想が、はなばなしく展開されております。またそれを実現するための構造理論や技術を整えております。あるときは、造船ブームで鉄が値上りすると、鉄筋をどう節約するとか、コンクリートがトーチカの建設に廻されると、セメント代用土の研究などが、飛びだしてまいります。

そういったふうにして、鉄筋コンクリートアパートも、だんだん建設されるようになってまいります。

一方、鉄筋コンクリートのアパートという居住形式は、民衆の生活形式のなかに、それを受け入れるものがないとすれば、建築に移されることが困難になります。

極端な例をひきあいに出しますと、いまの日本の農村の生活形式や生活水準は、そのような鉄筋コンクリートのアパートという集合生活形式をうけ入れるのに困難であります。それは少なくとも都市的であります。それだけではなく、都市的生活形式のなかに、新しい家族制への傾向がないところでは、それにたいする強い抵抗がでてきます。そのような単一家族への生活形式の移行は、それもまた生産関係の社会的、経済的発展段階に応じた世界的動向でして、日本でもしだいにその傾向がみえはじめております。その地盤のうえにたって、コンクリートのアパートがだんだん建設されているのです。

ところがこんどは逆に、そういう風にして建てられてゆく鉄筋コンクリートのアパートは、また民衆の生活をしだいに変化させてゆきつつあります。

これは一つの例にすぎませんし、またその一面にしかふれておりませんが、このように、建築も、民衆もともに歴史的規定をうけており、しかも相互に複雑にからみ合いながら、動いているということがわかります。まず、建築と民衆とのかかわりあいは、このような歴史の動きのなかで把えられる必要があります。ということは、現在の時点にたって、その関係をどう把えるか、ということにもなるのですが、その現在の時点というのは、過去と未来とを結ぶ瞬間にすぎないものでありますから、やはり、現在というものを、過去から未来へという発展的なものとして、かんがえなければならないということになります。こんなことは判りきったことのようですが、ときどき忘れられるのです。ですから、もう少しつけ加えてもうしましょう。

民衆は、権力の側からおしつけられた条件、ある人たちは、この条件に順応してゆくことを歴史的、社会的必然性だ、などと考えているのです。その点は、素朴唯物論の人たちとか、客観主義を批評家の立場だとかんがえている人たちが、しばしばおちいる過ちなのですが——その条件に順応するだけではなく、民衆はそれに抵抗し、その目の前の現実を克服しようとします。この民衆の力もまた、生産関係の歴史的段階に応じて、しだいに強められ、組織化されてゆくものなのです。そうして、建築家もまた、民衆のその力に、建築家として、その専門の知識と技術と創造力をもって、参加することができるのです。そのような発展的なむすびつきで、現在の時点をとらえなければならない、ということなのです。

こういってみたところで、まだ決してはじめに問われた問題は、具体的にあきらかにはなっておりません。問題は依然として残っております。建築家として、とはどういうことであるのか、さらにそれに参加する仕方はどのようなものであるのか、ということです。このことについて、一般論を、しかもきわめて抽象的に、『新建築』の〔一九五六年〕六月号の「現代建築の創造と日本建築の伝統」〔本書五五頁〕と、一〇月号の「日本の建築家」〔本書一二七頁〕でふれました。その二つを合わせて、建築家の内部世界と外部世界の構造とその結びつきを明らかにしたかったのですが、たいへんに、判りにくい、舌たらずなものになってしまいました。それにもかかわらず、それを参照して下さるならば、幸です。一〇月号では、建築家の組織のことを書きました。建築家は社会との対決の戦線を組織化することが必要であり、それによって、建築家は、社会におけるじぶんの役割と立場の自覚をたかめ、それを連帯感にひろめてゆくことができる、というようなこと、さらに、建築家と協力関係にある技術者、研究者等は、それぞれ独自の役割をもったものであることを十分に自覚した上で協力をさらに固めてゆかなければならないことなどにふれました。

ここで、建築家――簡単に言えば設計を役割としている人たちと考えてよい――と建築研究者――ここではとくに調査などを主としている人たちを念頭において――について考えながら、話しをすすめてみたいと思います。

まず、現実社会のなかで民衆がどのように動いているかということの認識は、この二つの立場の人たちに、どう映しだされてゆくかということについて、考えたいと思います。建築家は、彼の設計(その実現もふくめて)を行うことによって、彼の現実認識をかたちづくってゆきます。研究者は、調査活動などによって、それを確めてゆくものであります。その双方からのコミュニケイションは必要でありますが、しかし、おのずからその任務と方法は異なったものであります。もうすこし、考えをすすめてみましょう。私は調査をひじょうに大事なことだと考えておりますので、その役割と方法についてもっときびしい観点をもちたいと思っております。たとえば住み方調査ということが、行われておりますその価値を否定しているのではないのですが、私はそれについていくつかの疑問をもっております。まず、素朴な疑問からはじめることにいたします。

そのような調査で、民衆の生活の現状はこうである、ということと、こういう方向に動いている、ということが、しばしば混同されているように思います。あるいは、好きである、ということと、求めている、ということが、混同されております。それは調査方法の欠陥、しばしばそれは不可避な欠陥でもあるのですが、そこからくる場合もあるし、またその調査結果が、十分な歴史的規定を経ないで、なまのまま提示されるような場合にもおこるし、あるいは調査結果が歴史的、現実的な矛盾そのものとして提示されないで、その矛盾が主観的に脚色されて提示される場合にもおこります。さらに一方、その結果を実際の設計の方法に結びつけるときの建築家のうけとり方の誤りである場合も、きわめて多いのです。

では、動いている、とか、求めている、とかいう発展的な現実を、どうして把えることができるだろうか。かりに調査項目に、あなたは〝何を〟求めているのか、と挙げたとしても、民衆は何が〝何〟であるのかを知らないのです。そこで、まず〝何〟のイメージを建築的に提示しなければなりません。ところが、その〝何〟が不確定であります。餓えているということが、かりにわかったとする。そこでパンを与えたとすれば、餓えた人はパンをむさぼり食うであろう。ところが、その事実だけから、彼はパンを求めているということはできない。彼はより米を求めているかもしれない。そうして今、建築家にとっての問題は、たんに食物というような抽象的なものではなく、パンか米かという具体性をもった食物は、現実に何であるのか、をあきらかにすることなのです。もちろん、米でもパンでもよい。あるいはどんな住居でもよい、それを民衆に与えることだ、と考える人がいてもちっともおかしくはないのですが、しかし建築家にとっては、どんな住居か、ということが問題なのです。しかもその、どんな住居かということを、民衆はあらかじめ知らないということが大切な点です。

民衆は、じぶんたちの住んでいる住居や都市について、それに満足してはおりません、何とかならないものか、あるいはもっと積極的に何とか克服してゆきたいと考えているのですが、その〝何とか〟をあらかじめは知らないのです。欲求、あるいはポテンシャルなエネルギーといってもよいでしょうが、それはもっているのですが、具体的なイメージとしてそれを、あらかじめは知らないのです。そこに調査のむずかしさと、限界があります。

では建築家はその〝何〟のイメージをあらかじめ知っているのかといえば、知らないといったほうが正しいでしょう。そのイメージは建築家だけが、あるいは民衆だけが、単独に描くのではなく、おたがいのからみあいによって確められてゆくものだからです。しかし建築家はそれを知るために、それに具体的なイメージを正しく与えてゆくために、努力しなければならないという任務をもっていることを忘れてはならないでしょう。

突拍子もない例になりますが、いまでは民衆は地球が動いていることを知っております。それにはニュートンなどの自然認識が必要であったのです。彼の物理的世界像は、彼の構想力によって描かれたものですが、それが必要だったのです。しかし彼の描いた世界像は歴史的検証をへてしだいに具体的にされ、また改められてゆきます。アインシュタインの構想力がそれをあらためてゆくのです。別の例のほうがもっと分りやすいかもしれません。いまでは民衆は社会主義社会というものについての実感、あるいは具体的なイメージを、多少とも、もっています。そうして、これがじぶんたちの求めている社会であるということも知るようになりました。もちろんこれは、歴史的に必然的なことでしょう。しかし、民衆が自動的にそうなってきたのだと考えることはできません。マルクスやエンゲルスが、それのイメージをうちたてたということがなければならないのです。もちろんマルクスやエンゲルスも、歴史的な規定をうけた存在でして、マルクスが古代ギリシャの時代にこのような認識をうち出すなどということは考えられもしないことです。彼は、過去の社会科学、哲学、経済学の認識をうけついで、たとえば、ヘーゲルの弁証法を逆転させ、初期の空想的社会主義を否定しながら、それらの方法をうけついで、彼の現実認識を体系づけ、社会主義社会への移行の社会科学的イメージをうちたてたのです。彼の認識は、現実の調査結果を直接的に示したものではなく、そこに矛盾を見出し、その矛盾のなかにかくされた民衆のエネルギーに、具体性と現実性を与えたのでした。彼は、民衆のポテンシャルなエネルギーと、彼の社会科学的方法――それには民衆の知恵も参加するものですが――このエネルギーと方法との統一として、彼は社会主義社会への移行の具体的イメージを構想することができたのだといえるでしょう。

だがしかし、彼の構想したイメージも、それがいかに科学的認識に基づいているものであるにしても、大なり小なり仮説的な意味あいをもっております。ですからそれが正しいか、誤った点をふくんでいるかは、実践によって歴史的に検証してゆかなければなりません。レーニンやさらに多くの人たちは、そのイメージをさらに細部にわたって具体化しながら、それを民衆とともに実践に移して行ったのです。そうした検証によって、マルクスのえがいたイメージの正しさが、歴史的に立証されてきつつあるのです。とともにそのイメージの不確かであったところも、あきらかにされてゆくのです。このようにして、マルクスの構想力が歴史の創造過程に参加しているのです。このような構想力は、ここで引例したマルクスのように、建築でいえば、あるいは、ル・コルビュジエのように天才的なものとして歴史に現われ、それが歴史のきびしい検証にたえて、その正しさが証されてゆくこともありますが、またこの構想力は民衆のなかから育てられてゆくこともあるのです。たとえば日本の場合でも、民衆のなかには、そのようなものが感じられます。民衆のポテンシャルなエネルギーが、生活の知恵によって、しだいに歴史的に、一つのイメージを創造してゆくような場合があります。むしろ天才というのも、このような民衆の構想力の創造過程に、輝かしい先駆として現われてくるものだとみたほうが、正しいかもしれません。

建築家として民衆につながるということは、このような民衆の歴史的創造過程に、建築家として参加することではないでしょうか。

このことについて、もう少し、できるだけ具体的に、あるいは局所的になるかもしれませんが、ふれてみたいと思います。

民衆を把えるということは、研究者の調査によっても、なかなかむずかしいものであって、その限界があるともうしましたが、では建築家は日々の設計活動を通じて、どのような認識をしているのでしょうか。建築家たちは日々、さまざまな設計をし、それを建設に移しております。そこで建築家は、いろいろの体験をいたします。たとえば、民衆は畳が好きだとか、いや、否定しようとしているとか、リビングキチンに抵抗しているとか、いや、それにしだいに順応してその進歩性を求めはじめているとか、民衆はガラス張の建築に不安感をいだいているとか、いや、好んでいるとか、まことにさまざまであります。

建築家個々の設計的実践を通してえられるこれらさまざまの体験を、普遍性のある認識に高めてゆくことは、またきわめて困難のように思われます。そこには二重の困難がひそんでいるのです。

その一つは、ここで建築家が民衆に提示するところの実験装置——個々の建築——がきわめて恣意的であって、一貫して方法的体系によってつらぬかれていないということ、だからそこにおこる反応の検証を普遍性にたかめてゆく手だてを失っているということであります。このことは、調査の場合にも、おこる問題であります。ここでことわっておかなければならないことは、実験装置などというと、いかにも、民衆を実験台にしているという風に誤解されそうですが、もっと広い意味で、歴史の検証のなかでは、個々の建築は大なり小なり実験装置的意味をもっている、ということを理解していただきたいと思います。逆にいえば、歴史の検証は民衆が行うものだからだといってもよいのです。

もう一つは、民衆というものの現象面にあらわれたすがたが、きわめて多様であり、偶然的であるということからくる困難さです。そこには、一貫した行動様式や好みといったものがないので、その反応が、不確定にしか現われないということであります。大数的に観察する調査の場合、その平均値やモードは現状を示しはするが、それが発展的認識にはなりえないことは、すでにもうしたとおりです。

この二つの困難さのために、建築家の設計活動からでてくる体験は――調査のばあいとまたちがった意味で――十分に普遍性のある、また発展的な認識にたかめられてゆくことを困難にしているのです。

ではどうすればよいか、という問題に入るまえに、多少の引例を許していただきたいと思います。

民衆と漠然といっているもののなかで、もっとも主体的な構成部分とされる組織労働者あるいは、労働組合などについて、私が直接体験した訳ではありませんが、よくこういうことを聞きます。その組合員の日々の生活での物の考えや好みをみると、まことに多様な偶然的なものである。その指導者の一人は、家に帰れば、封建的な家族制度のなかで、無頓着に暮しているかもしれない。また封建的な家長的暴君であるかもしれない。彼の住居の玄関の構えが貧弱であることを、しじゅう気にしているかもしれない。ある組合員は、家計を無視して、パチンコに身をすりへらしているかもしれない。毎月組合に会費をはらっていることが、いかにもばかばかしいと考えている人も大勢いるだろう。また組合員のあいだでも、いさかいや小ぜりあいがたえないこともあるだろう。そのような日常性のなかで民衆とは、と、どうして問うことができるだろうか、とさえ思われるのです。

だが、首切りや、賃下げが行われようとするような情勢にたちいたると、このように現実の矛盾がひしひしと彼らの身辺にせまってくるようなときにたちいたると、組合員はじめて民衆としての本質をあらわにします。彼らのなかにあった組合運動というイメージが、目に見えるような実感として、リアルなものに思えてくるのです。そこで自分たちの立場をしり、かくされていたエネルギーが、その組合運動というイメージに突破口を求めて爆発し、そこに向かって知恵が結集されてゆくのです。そういうことを、よく聞きます。

私のいい方をすれば、このことは、こういうことになります。組合運動というイメージは、歴史的な検証をまっている一つの実験装置であります。そうして、それは現実の矛盾に解決を与えてゆくための、何らかの方法的体系をもったイメージであります。このイメージがどういう状勢にさいして、もっともあざやかに民衆によって検証されるかというと、あるいは、もっともリアルに民衆に訴えるかというと、それは、現実の矛盾が、もっともリアルに、民衆の身辺にせまってくるようなときに、現われるものであるということであります。

ここで、つけ加えて私のささやかな、経験をもうしあげることを許していただきたいと思います。それは広島でのことでした。私たちの設計いたしました平和会館は、中央の建物はピロッティに支えられており、両翼の建物はコロネードにとりかこまれて、中央の広場につながっております。これらの建築は、広島の市民にとっては、恐らく見なれない不思議なものとして受けとられていただろうと思います。じつは私たちにも、理屈のうえでは、いや、これでいいのだと思っていたのでしたが、実感としてのリアリティはそれほど強くはもてなかったといったほうが素直だろうと思います。去年の原爆一〇周年の八月六日のことでしたが、世界平和大会がここでもたれ、そこの広場には、五万人あまりの人たちが参加しました。さらにその大会の核になる部分は、西翼にある大集会場で継続され、なかの模様がラウドスピーカーでそとにいる五万ちかくの人たちに伝えられました。このときでしたが、ここのピロッティやコロネードが、リアリティをもって、生き生きとしているのを、私は感じました。このピロッティやコロネードがそこの五万人の人たちに力強く働きかけているという実感が、はじめてでてきたのです。それは私だけにではなく、恐らく、そこに参加した人たちの実感であったろうと思われるのでした。

大集会場のある西翼の建物の一部であるホテルの部分が、ここの広場に面しておりま す。このホテルは中国地方では恐らく第一級の高級なホテルですが、その玄関先を取囲んでいるコロネードも、群がる人々で一杯になってしまうのです。ときどきホテルのボーイがでてきて人払いをしなければなりませんでした。このとき、ここにそのようなホテルがあるということは、そこに参加した人たちにとって、いかにも典型的に対立的な機能として映し出されました。

これはきわめて特殊な引例になってしまいましたが、このようなピロッティという実験装置――それは人間の群がりと建築とのあいだにおこる矛盾の関係を解決しようとして創造された一つの方法的体系をもったイメージですが――そのような実験装置は、日常性のなかでは無頓着とか不馴れという反応しか示しませんが、それがこの日のように、五万人に余る人間の群がりと、建物とが対決するという、もっとも典型的な情勢にたちいたると、この実験装置としてのイメージが、民衆にリアルな実感として訴えるものであるということを示したかったのです。

逆に、丸の内街のようなものが、実験装置として、どのように働くかということを考えると、さらにはっきりとしてくると思います。ここでは人間の雑踏、自動車の混雑、その収拾のつかない情景は、現代都市がもっている矛盾を典型的に示しております。しかし、この矛盾をいかに解決してゆくかというイメージを持つことのない民衆は、決して丸ビルやその他の建物を批難はしないのです。民衆のポテンシャルなエネルギーはその突破口を見出すことができなくて、窒息感として内攻してゆくばかりでしょう。だからその実験の検証は、民衆の無頓着さといった結果をみちびき出すしかできないことになってしまいます。

住宅やアパートの設計のばあい、型とか、標準設計とか、いっております。また典型ということもいいだしております。私はこのようなとき、その型なり標準設計なりを、一つの完成された形式として固定的に考えやすいという危険を指摘したいと思います。そのように固定して、形式的にかんがえてはいけないことだと思います。私はむしろ、そのようなものを、私のいう実験装置——くりかえしますが、これを歴史的な創造過程のなかで、考えていただきたいのです——として、高く評価したいのです。だから、標準設計になる個々の具体例が問題なのではなくて、それを貫いている方法的体系を重視したいのです。

それが方法的体系をもたない限り、いかに個々の設計例を民衆の生活にぶっつけてみても、そこからえられる検証は不確定であることをまぬがれないのです。かりに、そこからいくつかの検証例を引き出したとしても、それは、方法をさらに高め、また豊かにしてゆくという、体系的な蓄積にはならないのです。

もう一つ大事なことは、その方法的体系は民衆の生活、あるいは生活と住居とのかかわりあいにおける矛盾をとりだして、――その矛盾のなかには、かならず、それを越えようとする民衆のエネルギーが潜在しているものなのですが――それになんらかの建築的解決を与えるところのイメージを含んでいなければならないということです。そうでないかぎり、その方法的体系が示すイメージ――装置――は、民衆のポテンシャルなエネルギーにこたえるものにはならないからです。民衆のポテンシャルなエネルギーは眠ったまま、そこに何らの反応を示さないからです。民衆は自らのうちに鬱積しているエネルギーの、突破口になるようなものに出会うときに、はじめて、そこにリアリティを実感するものなのです。

このような方法的体系に貫かれているイメージを、私は別のところで内的リアリティといっておりました。そうして、内的リアリティを外部世界にぶっつけあうことによって、内部と外部の創造的統一が可能である、それが創造の倫理である、などといったのは、こういう意味なのです。

このような方法的体系をかためてゆくためには、もちろん調査も必要であります。ここで、すこし早まり過ぎるかもしれませんが、結論的にもうしますと、研究者――主として調査活動をとおして現実を認識しようとするばあい――の任務は、現実のなかにある矛盾を、とくに建築研究者にとっては、建築とのかかわりあいにおける矛盾を具体的に指摘することであり、また指摘するところで、彼の任務は終ります。それ以上、彼はそれに主観的な脚色をほどこすことは、もっとも危険なことなのです。この矛盾をそのまま、建築設計の場に提示することが任務なのだと思います。

また建築家は、その矛盾を研究者から教えられますが、また彼自身の方法をもって、矛盾をつきとめることもできるのです。それは彼が正しい創造を行うことによっても可能になるのです。ここで正しいというのは、つねに、矛盾を解決しようとする方向に、彼の建築的方法を結集し、それによって体系づけられたイメージを再び現実にぶっつけてゆくという創造をくりかえすことによって、彼はさらにより深く、よりリアルに、矛盾をあきらかにしてゆくことができる、ということなのです。建築の創造は建築家にとって、また一つの現実の認識であるといったのはこういう意味だったのです。

建築家は現実の矛盾――民衆と建築とのからみあいのなかにおける矛盾――その矛盾のなかに鬱積して潜在している民衆のエネルギーに、具体的なイメージを提示しようとする態度と問題意識をもって、創造にたちむかうことによって、民衆にむすびつくことができるのです。そのさい、彼は、建築家としての、社会的・技術的・計画的・構造的……の方法における素養を最大限に要求されます。そうしてその方法を矛盾解決の方向に結集して、一つのイメージに体系づけてゆかねばなりません。もちろん彼は、一人であるかもしれない。しかし協同体である場合、さらにもっと広く組織化されたものである場合、より好ましいといえるでしょう。しかし、それが個人であれ、または協同体であれ、もっとも大事な点は、そのような創造の過程で、認識と方法を体系的に統一してゆくところの構想力の参加が必要であるということです。

さきにも、もうしましたように、このような構想力は民衆のなかにも現われてくることは、歴史をみればあきらかなことですが、しかし現在という時点で考えてみますと、そのような民衆の構想力というものは、ポテンシャルなエネルギーの状態でいる場合のほうが多いのです。だから、そのエネルギーに建築的像を提示するという、そのエネルギーにリアリティを附与するという建築家の役割があるのです。

こうみてきますと、建築家は、その創造的な構想力によって、はじめて、民衆の求めているものを発掘してゆくことができるといってよいでしょう。あるいは、建築家の創造的な構想力が、民衆の歴史の創造過程に参劃する、といってもよいのではないでしょうか。

たいへん難しい問題でした。それに十分に答えるなどということは、とても私にはできません。結局どうどうめぐりになってしまいます。また、ここで構想力のことをもっと明確にしたり、さらに表現のことや、また典型のことに結びつけて、しっかりと、ととのえたものにすることも、できませんでした。これは私にとってのメモにすぎないのです。どうかそのつもりで、これを十分に批判して下さるように、お願いします。

（初出『建築文化』一九五六年一〇月号）

建築家は民衆をどう把えるか

建築家として民衆をどうつかまえるかという問題は、まず歴史的な規定をもったとらえかたをしなければいけないということが一つであります。そういう歴史の動きのなかで、建築家と民衆との関りあいがあるので、それを度外視しては問題をあいまいにしてしまいます。そういう場合に生半可な唯物論の人たちは、なにか上から、あるいは権力の側から押しつけられている条件に、順応していくのが客観的だとか必然的だとか、誤って理解しているようですけれども、そういうことじゃなくて、そういう歴史的な現実的な条件を克服していこうという民衆の力が、また歴史のなかでだんだん成長していくわけですから、そういうふうに歴史とのからみ合いといいますか、むしろ現在というもの、あるいは、過去から未来へのそういう発展的な動きのなかでつかまえる必要がまずあるということを申しあげたかったのです。

もちろんそういうふうなことを申しても、依然として問題がはっきりしていないのでありますけれども、一般的なことを『新建築』〔一九五六年〕六月号に「現代建築の創造と日本建築の伝統」〔本書五五頁〕に書きましたし、こんど〔一九五六年〕一〇月号に「日本の建築家」〔本書一二七頁〕というものを書きました。それもやはりこの問題と無関係ではないのでして、そういうふうに建築家が民衆をつかまえていくし方は、一方ではその建築家の内部の問題としてあり、一方では建築家の外部の問題としてもある。外部の問題としては、建築家は社会に対決する戦線を統一していくことによってその民衆とのかかりあいをたしかめていくことがもっとはっきりできる。個人個人が恣意的に社会に立向かっていても、そこから得られる反応、あるいは、検証というものはまったく不確定で、普遍性のある認識には到達しないだろうということが一つ。

内部の問題としては、ここで結論的に申しますと、建築家としての構想力をもって、民衆に肉迫していくことができる。そういうことを申したかったわけです。この外部と内部は深くつながっているのですが、ここではとくに内部の、建築家は建築家としての構想力をもって、民衆に肉迫していくことができるものであるというふうなことについて申しあげるわけです。

じゃあ、たとえば民衆をつかまえるというふうなことで、まず最初に念頭に浮かんでくるのは、いわゆる生活調査とか住み方調査だとか、あるいはそういうふうな意味での調査というものがありますが、そこではどういう形で民衆をつかまえているだろうかということです。私は設計をしている建築家も、そういう調査などをしている研究者も共にそれぞれ民衆をつかまえようとする努力をしているのですが、その役割だとか、その方法はかなりちがうものではないかとおもいます。じゃ、どういうふうにちがうかといいますと、調査では民衆の姿を、発展し、動いていく姿としてつかまえていくことは非常に困難なんじゃないかとおもいます。また一方建築の設計をしているいわゆる建築家のばあい、どうかと考えてみますと、私はまえに、建築創造は現実認識の一つの形であるなどと申しましたように、つまり建築家は建築創造を通じて現実を認識し、民衆をつかんでいくことができると思っているのですが、それもまたふつうの場合、困難なことが多いのです。

その困難は調査の場合にも建築家の場合にもあるわけですが、その困難はどういうところにあるかということを考えてみますと、二つあるような気がいたします。それは民衆と、ひとことに申しましても民衆の生活の実体というものは非常に多様性をもっていまして、アトランダムであります。そこに一つの統一的な民衆の人間像を描きだすことはわれわれの日常生活のなかからはむつかしいということです。生活様式も、好みも恣意的であって、それぞれの目先の利害にのっとって動いているわけですから、それを統一的にとらえるということはなかなかむずかしいのです。

そういう問題が一つと、それから建築があるいは調査が——それぞれちがった意味をもっているのですが——提示する実験装置が方法的体系をもたないものであるということ、そこからくる検証——それは民衆によって検証されるのです——が不確定にしか現れないということからくるむずかしさなのです。ある一つの現実の設計例というものは、歴史の動きのなかでみれば、一つの実験装置だとおもうのですが、その実験装置が方法的体系につらぬかれた実験装置になっていないときには、その検証に普遍性をもたせることができないものなのです。そういう二重の困難さのために建築家として民衆をつかまえることがむずかしいのです。

『建築文化』では二、三例をあげて説明したわけですが、ここではごく個人的な体験になりますが申しあげましょう。それは広島の平和会館の建築なのですが、中央の陳列館はピロッティに支えられ両翼の建物はコロネードに取り囲まれ公園に開いております。

このピロッティという形式は民衆の集団的な動き、あるいは民衆の都市的な生活のなかにおける、つまり、民衆と建築と交通などのあいだにおこる現実の矛盾を解決していこうとする、一つの方法的な提案であり、一つの方法的体系をもった実験装置なわけなんです。ところがこのようなピロッティをもった建築を現実にたててみて、そこからどういう反応が出てくるかと申しますと、ふだんは広島の場合について申しましても、ここは公園のなかでありますので、雑踏しているというわけではないのですから、なにか妙な格好をした建築だなと、一般の人はみているわけです。つまりそういうふうな反応しか起さないのです。

ところがそこに五万人の人が集まって、原水爆禁止世界大会というものを二、三日がかりでやろう、ということになると、その公園全体が人でいっぱいになっていく。自動車も盛んにやってくる。そういうふうな情勢にぶつかりますと、そのピロッティが生きとしてくるわけなんです。そこに参加した人たちも、はじめてなるほどなというふうな感じをもったのです。そういうふうに、ある一つの実験装置というのは、そういう矛盾が最も端的に最も典型的に現われてくるような場合に、最もリアルに民衆に訴えるものだという、そういうふうなことを経験したわけであります。

で、ここで私のいう実験装置が、持っていなければならない内容は、一つにはそれが方法的体系をもったものでなければ、そこからいろいろな検証例が引きだされても、その検証は不確定であり、それを普遍性にたかめることができないということ。もう一つは、実験装置が実際にリアルに民衆に訴えるのは——日常性のなかでは行われない場合のほうが多い。むしろ、現実のなかにおける民衆と建築とのかかわり合いにおけるいろいろな矛盾が最も尖鋭に現われてくるようなときに、その実験装置が民衆にリアルに訴えるものだ。そういうふうなことを申したかったわけなんであります。

じゃ、そういう方法的な体系をもった一つのイメージ——実験装置を、どうやってつくりだすかということになると、やはり建築家の構想力が必要になってくるのじゃないかとおもうのです。ここで、構想力といいますのは、こんな風にかんがえたらよいと思っています。建築のなかにある、あるいは民衆と建築とのかかわり合いにおける矛盾にたいして——そういう矛盾のなかには、いつでもその矛盾を克服していこうという民衆のポテンシャルなエネルギーがかくされているのですが——そのポテンシャルなエネルギーにたいして建築技術的、あるいは科学的な、あるいはその他の方法的な一切の建築家としての能力を結集し、体系づけて、一つの統一的な像を与えてゆく、ということなのです。つまり民衆のエネルギーと建築の方法的なものとの統一作用としての建築家の構想力が必要なのであります。その構想力によってつくりだされた実験装置――建築のイメージ――を現実にぶっつけていく。そうすることによって民衆のなかに隠されていたそういうエネルギー――エネルギーというのはいつでも現実の矛盾のなかに隠れているのであります。それをあばきだしていく。そういうエネルギーに具体的な建築的なイメージを与えていく、そのイメージの突破口になるような、建築的イメージを与えていく、そういうことを歴史的にくりかえしていくことによって、民衆がつかまえられるのではないかとおもうのであります。

はじめの問題にかえりますが、調査の場合の限界は、民衆を発展的につかまえることができないわけですが、だからまた、調査の役目というのは、むしろ現実のなかの矛盾をそのまま提示して、それを明らかにつかみだしていくというところで終るのだと思います。それに反して、建築家のばあい、その矛盾に建築的な解決を与えていくという、そういう建築家の構想力をもって、民衆を発展的なかたちで把握していくことができるのです。つまり、建築家はその構想力によって、民衆を把握していくことができる――構想力のない建築家は、いくら口で民衆、民衆といっても、民衆を発展的につかむことはできない、そういうふうなことをここで申したわけであります。

（初出『美術批評』一九五六年一一月号）

Ⅲ　建築の美について

国立代々木競技場
設計　丹下健三
撮影　石元泰博

インダストリアル　デザインと建築——自由な娘たち——

インダストリアル　デザインは、資本家的な生産力の展開という現実のなかから生れたには違いないとしても、直接的には、新しい建築と美術を両親として生れてきたといえるであろう。いまは、すでにその娘は親がかりではない。娘は一人、刺戟と誘惑にみちた世界を歩んでいるのである。そのことは親たちにとっては大きな喜びであるだろう。と同時に、また不安なのである。健康な肉体がしだいにむしばまれ、いかに装い、いかに粉飾するかが彼女らの日常の関心事になりつつあるところに、不安と危惧をいだいているのである。

二〇世紀の後半は形の時代である——と云われた。大衆の購買欲をそそるものは、すでに製品の内容であるよりは、その外形である——と囁かれはじめたその頃から、この危険は予見されていたのである。

恐らく、いま、インダストリアル　デザインは謂わばパッケージングに過ぎない。自動車も冷蔵庫もピースもラッキーストライクのパッケージング・デザインと何らえらぶところがない。

しかし、彼女らは昂然として云うだろう。街を美しくし、生活を美しくしているのは、私たちの装いと粉飾の賜であると。たしかに街は美しく、大衆の目を引いている。ちょうど、商売女にほれ込んでしまったように、大衆は月賦に身上をすりへらしている。しかし、彼女らの肉体は、彼女らの流行の装いの寿命ほどの寿命しか持ってはいないのである。

これはアメリカ小市民の月賦の悲劇である。そうしてこれは近代社会のマーケットの構造であり、そのマーケットにほうり込まれた彼女らの宿命である。

資本家的な世界ではインダストリアルな製品は、つねにコマーシャルな商品であるという宿命から、彼女らは逃れることはできない。

しかし親たちは、そうとは思いたくないのである。父親は娘たちがもっと健康な肉体に帰ることを望んでいる。母親はいうだろう――お前も一律な流行を追わなくったって、もう少しは、お前の身についたなりもありそうなものなのに、と。娘たちは、いまさら、古い親たちの考えには、かまいもしないで、インダストリアル＝コマーシャルな渦のなかに、将来の運命を托して、何の不安もなげである。

父親はだんだん淋しくなって考えはじめた。ある陶匠が語っている――無心の境に入ったときに、玉のような名器は生まれるのです、――このハンディクラフトを私たちは否定しようとしてきた。その対極にインダストリアル　デザインがはじまった。この一見相反する両極、ハンディクラフトとインダストリアル　デザインのあいだに何か置き忘れてきたものはないだろうか。

土とロクロに取り組んでいるこの陶匠には、おそらく、あらゆる瞬間が作意にみちているのであろう。しかし無心になったとき、何故、名器が生まれるのだろうか。作意が土とロクロの外から働いているあいだ、何故、会心にはいたらないのであろうか。土という素材がロクロという工作機のなかに、何へだてなく一つに溶け合ったとき、土はロクロを通じてその本質を顕にするのであろうか。

そのようなとき、茶器として機能するものが、作家の作意を超えて、一つの完全な統一、機能と素材と工作方式の統一として生まれてくるに違いない。

デザインとはこのような営みである。あらゆる要素が物そのものに統一されてゆくプロセスである。しかしインダストリアル　デザインはこのようなハンディクラフトとは縁がない、——と人は考えるかもしれない。そうだろうか。インダストリアル　デザインは、ハンディクラフトの工匠たちが肉体的に修得した勘を科学的操作に置きかえた。その手を機械に代えた。それは革命に違いない。はたしてそう云い切ってすますことができるだろうか。私たちはそうは思わない。物の本質に迫ろうとする究極の心象は、ハンディクラフトの世界とインダストリアル　デザインの世界とを一すじに結びつけている事である。

近代建築は、同じ経験を経てきた。建築が一つの機能として働くためには、その創造にあたって社会的な技術的な素材的なあらゆる要素が一つの統一に晶化されなければならない。

その創造の過程は、分業と協働による科学的なアプローチなのである。しかし建築家は数百日の間その多くの協働者の中に立って、ある日創造の瞬間を経験する。それはあらゆる要素の本質が一つの物のなかに統一されてゆく晶化の瞬間である。そのとき建築家の作意を越えて、建築という機能する物が創造されるのである。この創造の操作がいかに、科学的になったとしても、あのハンディクラフトの陶匠が語った心象は滅びてはいない。

かつて、桂離宮の柱は、名匠にとぎすまされて木の本質を顕にした。ミエス・ファン・デル・ローエの柱は、工場から出てきたI型鋼そのままではない。彼はそれが鋼の本質を顕にするまで、磨き抜くのである。コルビジェがコンクリートの本質をあばき出した心象は、柱の名匠の心象とさしたへだたりはないのである。インダストリアル　デザインもこのようなものであるはずだと父親には思われるのである。

娘たちはこの父親の機能だの、本質だのというかたくるしい考えにはあきあきしている。そうして独りで考えている。私は世の男たちを魅惑したいのです。それには父親のようにかたくるしく考えなくても、形と色を問題にしていればいいのです。毎年毎年、形と色を変えるだけでも世の男たちを簡単に引きつけることができるのです。やはり私は母親似なのだろうと。

母親は母親で、その娘の考えが悲しいのである。――私達はブランクーシも、そうして、ムーアやアルプも、石で絹の衣を表現しようなどとは考えてもいない。石らしい、また木らしい、そして金属らしい、それぞれの素材に固有の形を創って来た。この母親たちが創ってきた美しいものを、娘たちが余りにも無造作に着て街に氾濫しているのが悲しくて仕方がないのである。

インダストリアル　デザインは、このような父親や母親の愚痴とはかかわりなく、やはり自らの道を開いて行くに違いない。

（初出『別冊みづゑ』一九五三年五月号）

芸術の定着と統合について——三人展を機会に——

わたくしは、このごろ、芸術の、ある一定の社会への定着ということ、それから、その定着があってはじめて諸芸術間の、また芸術部門と生活部門との統合が可能であり、そこに伝統の創造のことがあるという風に考えているのである。このことについては一部、今月〔一九五五年五月号〕の『芸術新潮』に発表した。

このたびの——巴里一九五五年・芸術の総合への提案——の主題をもつル・コルビュジエ、レジエ、ペリアン三人展をここに述べたような意味で非常に期待したのである。

第一には、それぞれの個性が、どのような発展を示し、定着をなしとげつつあるか、ということであった。

その第二は、それぞれに強い個性をもったこの三人が、どのような統合を成立させるか、ということである。

第一の問題から入ってみたい。それが第二の問題につながるだろう。

ヨーロッパではじまった近代建築と近代絵画が発見した抽象性と機能性は、当のヨーロッパではそのままの姿でリアリティをもつことができないでいる。ところがそれが、歴史のないアメリカで、そうして、そこのインダストリアルな世界で、リアリティを獲得し定着を始めているといってよい。レジエは、そのアメリカを媒介して、ヨーロッパに住んでいる。彼の底ぬけの明るさ、歴史に対する楽天的な思索の弱さ、しかし、すばらしい美しさ。それは、アメリカに定着し、アメリカの近代建築のなかに結合されていくだろうし、また現にそうなのである。

ル・コルビュジェは建築家として、ヨーロッパの現実を直視し、その歴史に挑んできた。単なるサロンの談義ではなく、現実に、役人たち、学者たち、そうして大衆と話し合い、実践してきたのである。彼の亜流が、アメリカで、また南米で、楽天的な仕事ぶりをしているとき、彼はヨーロッパの現実を直視することをいとわない。彼の絵画に現われているデモーニッシュな暗さのなかに、わたくしは、全人的な精神の骨組をみるように思えるのである。彼は建築家としての戦いから得た精神の骨組を、彼の絵画に与えているし、また画家として、彼の建築に、手による豊かな表現を与え、それぞれが独自のものをもちながら、その全人的な活動において相補ってきたといえるだろう。彼の建築は、進歩と伝統の、インダストリアルな世界と手工の遺産がひしめきあうヨーロッパに、そのようにして定着をとげていくのである。彼はまた絵画の定着を、建築との統合によってのみ可能であることを主張する。彼は絵画の将来を、動く壁としてとらえている。カンバスと油絵具を使うときもそうであるが、彼はむしろそのような抽象的な素材よりも、むしろこの社会に具体的にある素材、建築や空間と結びついた素材を用いる。組織による動く壁は、その一端を示すものである。レジエの陶画もここでは、建築の壁として考えられているのである。

これらのことは、建築、彫刻、絵画がそれぞれに社会へ定着しながら、同時に建築によって統合されていく発展の途を示しているといってよいであろう。このようにして、いつの世でもそうであったように、諸芸術がそれぞれの社会のなかに確固たるリアリティを獲得しながら定着をとげていくものなのである。

ル・コルビュジェのすぐれた弟子であり、また室内装飾において彼のよきパートナーであるシャルロット・ペリアン夫人は、やはりこのル・コルビュジェの途を室内装飾の部門で歩んできた。

彼女は、アメリカの、例えばイームズなどのとっているインダストリアルな方法と表現とは、ちがった途を歩むことによって、ヨーロッパへの彼女の芸術の定着を考えている。インダストリアルなものとともに、手工の遺産へ選択の目をむける。彼女がインダストリアルにデザインするときにも、そこには手工の表現が漂よっているのである。彼女は戦前、日本において——伝統、選択、創造——と主題する展示を行った。そこに示されたものの基本的な考えかたは、いま、ここに展示されたもののなかに引きつがれているのであるが、しかしその内容はさらにインダストリアルにも成長し、その手工の選択と表現においても、さらに健康さをあらわしているように思われた。たとえば、その整理棚にあらわれているフランスで工業生産されたアルミニュームの隔板は、アメリカの工業生産品やインダストリアルな家具がもっている正確さ、こぎれいさはなく、多少薄手で湾曲している。また、日本の手工でつくられた檜の棚板は、それにひきかえ、日本の手工のすばらしい緻密さと健康さをもっている。その二つが結び合ってできている棚には、しかし機械と手工とのふしぎな、また、すばらしい結合が成就しているのである。また例えばフランスで工業生産された黒くアルマイトされたアルミニューム、プレス加工の積み重ねのできるテーブルは、インダストリアルに機能的であると同時に、その美しい表現において、きわめて手工的であり、故意か、偶然か、日本の鞍を思わせるものがある。また成型合板による日本で工業生産された食堂の椅子や、安楽椅子の台は、単板の巧みなカットで加工されうる秀れてインダストリアルなものである。が、その表現において、玉串の紙型にもにて、日本の古代を思わせるものがある。

それに比べると、寝室に置かれた肘掛椅子やそれと同じ意図をもつ書斎の皮張の椅子は、ペリアンがながくフランスにおいて、そこの手工を頼って完成された別の表現と美しさをもっている。ともあれ、ペリアンはインダストリアルなものとクラフトマンによるものとの調和と統一によって、彼女の芸術のヨーロッパにおける定着と統合を考えてきたに違いない。

今回のこの住居と装備の展示においては、ペリアンは、一つは芸術の定着と統合のヨーロッパにおける途を示すことであり、一つには日本におけるその途を暗示するという二重の意図をもっていたにちがいない。

しかし、この二重の意図のために、かえって、その効果の混乱がひきおこされているように、わたくしには思われるのである。

ここの住居を想定された展示の空間は、その寸法、プロポーション、すべてル・コルビュジェのモデュロール(黄金尺)によって組み立てられており、そこに現われた木割は、日本の木割にくらべて、より健康であった。が、その基本的なとらえ方には、日本の住居として提示しようとする意図が強いものであったといえるであろう。さらにその室内装備としての家具にも、さきに述べたような、インダストリアルなものと、日本のクラフトマンによるものとの巧みな結合によって、その表現において日本の古代を思わせるものがある。それだけに、住居と装備との日本における定着と統合の将来を暗示するものとしては、すばらしい効果を発揮しているのである。この展示の、日本のその部門に与える影響は、むしろ恐るべきものがあるだろうと思われる。

それだけに、逆に、ル・コルビュジェの壁掛や、レジエのものが、借りてきた作品のように統合を拒んでいるのである。ル・コルビュジェの建築のなかで、彼自身の壁画がいきいきとした生彩をはなちながら統合をとげており、またそこでは、ペリアンの装備が、——例えば、ここの寝室に置かれた椅子のような——すばらしい統合をなしながら、ヨーロッパ世界の上に定着しつつあると、わたくしは感じているだけに、ここで、建築、彫刻、絵画、そうして装備の統合が、あまりに日本のものでありすぎたために失敗していると感ぜざるをえないことを、残念に思うのである。

それにもかかわらず、このすばらしい展示は、住居とその装備の日本における定着と統合の仕方について、きわめて秀れた暗示をなげかけているし、また絵画や彫刻が、建築と統合することによって、社会に定着をとげていくべきものであることを、画家や彫刻家のむねに刻みこむのに役立つであろう。

（初出『美術手帖』一九五五年五月号）

グロピウスの残した余韻

グロピウスが日本を去ったあと、静かに余韻が残った。わたし達が、日本で近代建築をどう発展させるべきか、ということをまじめに考えはじめ、そのなかで、伝統のことが真剣にとりあげられようとしていたときに、彼は訪れてきたのであった。

そうして、わたし達が、ためらいながら内側に感じている丁度そのことを、グロピウスは外側から、ためらいもせずに、贅沢と讃美のことばを残して、去って行ったのである。この内側からのためらいと、外側からのためらいのなさの、まさにその矛盾が、わたくしが、いまここに、彼の残した余韻と呼んだところのものなのである。この問題のもっている意味は、かんがえてみる値打のあることのように思われる。

二〇年前、近代建築が興りはじめた頃、そうして日本では、それを新鮮な、何か物めずらしいスタイルとして輸入に忙しかったころ、ブルノー・タウトは日本を訪れてきた。彼は桂を讃え、それがもっている近代建築との類似性を指摘したとき、当時の日本の近代建築家たちは、ためらうことなく彼の指摘を自らの糧ともし、また自らの認識ともしたのであった。

また、日本がまだ世界の折衷主義の建築の余波をうけていた頃、ある外国の美術批評家が日光を称えた。当時の日本の折衷主義の建築家は、何らためらうことなくそれを受入れたのであった。

たんにこのような西欧建築のそれぞれの時期の主潮との、類似性の指摘と、それの、ためらいのない受入れからは、何らの創造的な成果を期待することはできないのである。

グロピウスの場合、彼とわたくし達との間の干渉の仕方には、それらと違って、外と内との対決とでもいってよいものがあったのである。そのことについて、いまふりかえって考えておきたいと思うのである。

グロピウスを迎えたことは、わたし達、日本の建築界にとって大きな幸であったとともに、またグロピウス自身にとっても、実り多いものとなったであろう。

はじめ、彼を迎えるにあたって、わたくし達はこう期待していたのである。彼はアメリカで、日本に持ってゆくための幾つかの建築上のテーマを準備していた。近代デザインの科学性について、コミュニティの再建のこと、建築教育のこと、などグロピウスの将来の主張の数々のテーマであった。わたくし達は、それらのテーマについて、直接、彼から学びうるところを期待したことは勿論のことであったが、しかしそれ以上に、むしろ彼が日本を見ることによって、はじめて得るであろうところのものの反映と、わたくし達が内側にもっているところのもの、この外と内との対決から、何かを得たいと期待していたのであった。

わたくし達にとっては、それは、一つは日本の現実の問題としての住宅のことであり、一つは日本で近代建築をどう発展させるべきか、とくにそこにおける伝統のことであった。この二つの問題は、その入口が二つにみえる。しかし、これがグロピウスによって濾過されてでてくる出口は一つになるであろうことも予期していた。日本の住宅問題は、彼にとっては、究極、住宅デザインの問題にしぼられ、ともに近代建築デザインの問題となる訳であるが、日本における彼の体験は、それを伝統のことに誘いこんでしまうであろうことも、予期できるところであった。そうして、わたくし達のこの予期を、彼は裏切らなかったのである。

わたくしのように、言葉の不自由が、仮になかったとすれば、もっといろいろと立入った話もできたであろうと残念であるし、グロピウス夫人のことばでいえば――同じ近代建築の将来について考えているもの同志は、お互にアンテナを張っているようなものである――にしても、尚まだ不充分であったが、夫妻と旅行を共にする機会をえたり、いろいろの会合で会うこともできたし、また、わたくしの家で夫妻の最後の日曜日の半日を過していただけて、接する機会を多くもつことができたのは、幸であった。

このような間で、さきに云った外と内とのことが、わたくしのなかに、どんな風に記録されているかを思いかえしておきたいのである。

正直のところ、わたくしは桂についてはもう四～五年、竜安寺や勧学院にいたっては戦前にしか見ていないし、しいていえば、伊勢を完成まぎわの工事中に見ているぐらいのものであった。しかし、それでも、わたくしの内部では、それらが、生きもののように成長しているのを感じていた。グロピウスから、それらの建築についての話を聞く機会をえたわたくしとは、そんな私であった――日本の家屋、とくに桂などに代表されるものの開放性や、自給とのコンティニュティのたくみさについて――畳、襖、障子などにあらわれているモデュラー、コーディネイションについて、――また空間のフレキシビリティについて——それらすべて近代性の指標が、ことごとく日本の家庭にはそなわっていること——それとはまた観点を異にしたところでは、日本のクラフトマンシップの鮮かさについて、そうして日本の機械化は、それを捨てることから出発すべきでなく、それの発展のなかで行われるべきであるという批判や、——また、日本の住宅デザインにおいても、以上のことは留意されなければならぬ点であるとし、それがまた問題解決の一つの鍵になるだろうという点について、——中でも竜安寺の庭や、勧学院の建築などに現われる禅の精神について、近代建築にも同じく、たんなる物質的なものを超えたこのような創造の精神態度が必要であることとの共感など、について語られたのであった。

これらの認識は、わたくし達には、すでに充分に理解されているはずのものであったが、グロピウスが、外からそれを直観し、分析し、整理して、認識として、あきらかなかたちで、わたくし達に示したことは、驚歎に値することであろう。

しかし、わたくしは、それらのことが、認識として、分析され、整理されれば、されるほど、わたくしの内の感動が、引きさがってゆくのを感じるのであった。わたくしには、それが何故であるのかわからなかった。

ある人たちは、彼のこの認識は、日本の封建性の肯定であると、反発した。わたくしは、そのような意見は、さらに、空々しいものに思えるのであったが、じぶんの感動の引きさがってゆくのは、その辺に理由があるのだろうかと、自分に言いきかせてみたりもしたのであった。

わたくしは、そのあと、この疑問をとくために、桂や竜安寺を訪れた。そのとき、わたくしの目の前にある桂や竜安寺は、わたくしの内側で成長しつつ、生きていた桂や竜安寺とは似ても似つかぬものであった。そこには何の感銘もなかったのである。幾つかの概念によって整理された認識は、そこでも可能であった。しかし、むしろ感銘をさえぎるものが現実のそれらには覆いかぶさっているのであった。

桂を例にとって挙げよう。御幸通りから住吉の松跡をみる透視は、わたくしの内では緊張にみちた空間として生きていたはずであった。しかし現実のその透視は、物見遊山の風景をなまぬるく望むだけであった。中門から御輿寄をみる空間も、わたくしには、御輿寄と御台所との小屋組の接続のまずさにさえぎられて、快くうつらなかった。月見台を望む古書院の明り障子の比例には何か目につっかかるものがあった。それ以上に、そこの襖の模様の不快さは我慢がならなかった。それは、わたくしのなかに生きていた月見台とは、似ても似つかぬものであった。ここの空間の内と外との見事な融和も、室内の絶対的な暗さと、外の物見遊山の陽気さとによって、その効果は、生かしようもないものであった。

この陰鬱な空間をたどって、新書院にでたとき、そこの床と棚の悪趣味はまさに我慢のならない程度のものであった。わたくしは、ここをたたえる人たちの神経を疑いたくなるのである。わたくしは、古書院から新書院のあいだを何回と前の途を通って試みてみた。我慢のできるのは、縁先伝いの道しかなかった。そうしてここには、透視の変化と細い木割が美しい空間を感じさせたが、それぞれの透視の遠景に知性のない自然まがいの風景が、いつもその見事さをさえぎるのであった。

外にでて、細い木割と、真白い障子や深い庇のおりなす美しい比例も、強い勾配をもった、重た過ぎる屋根との明らかな不調和によって全体としては死んでいるとしか感じられなかった。

そこには、絶対的な暗さと、淫蕩なほどの陽気の、みじめな混淆が、全体に覆いかぶさって、わたくしの前に打ちかちがたく立ちはだかっていた。それは、封建時代の貴族のそれをしのばせていた。わたくしには、感動とは、ほど遠いのである。

グロピウスはアメリカに帰ったあと、ハーバードで日本旅行の報告をされたそうである。その大部分が日本で撮されたカラー、スライドであり、そのあと、ギリシャとエジプトのスライドが、僅か、加えられてあったと聞いている。そのときの印象を報じてきた聴衆の一人が、日本の暗さが続いたあとの、ギリシャやエジプトの明るさは、観衆にとって救いであったと書いている。この日本の暗さは、近代の日本のものではない。だからといって、しかし、わたくしの内側に生きていた、わたくしの内側に成長している桂や竜安寺には絶対的な暗さも、淫蕩の陽気さもないのである。何か緊張した空間と、比例が、生きもののように尚まだ生きているのを感じるのである。

わたくし達はみな、このような体験をしているにちがいない。あるときは重荷として、あるときは感動として、わたくし達の内部に息づいているこの不思議な生きもの、それは外に実在としてあるのではなく、内から、生れようとしている何物かである。わたくし達はつねに、この何物かにためらっているのである。

グロピウスは一瞬にして、それらと対峙し、感銘し、分析し、整理して概念として摂取したであろう。しかし、わたくし達にとっては、主概念としてとらえるには、それらは、あまりにも内側にあり過ぎる。

この同じものにたいする外側からと内側からの対峙の仕方のちがいが、意味ふかいものであると、わたくしは考えるようになった。そうして、このことの語義が、現在日本において近代建築をいかに発展させるかという問題に直面する建築家の、内部を明らかにする一つの契機となるであろう。

この内側に生き成長しつつあるもの、それをじぶんでは、内的リアリティと呼んでいるし、またこれからそう呼びたいと思っているのである。伝統のこともそれを内的リアリティとしてみなければ不毛なものである、といって伝統のことを、内部にある血液のようなものに還元してしまうということでは決してない。わたくしのいう内的リアリティとは、創造の方法、技術の表現が媒介して、内側に独自に存在し、生成しているリアリティである。それは外部の実在と無関係ではないが、しかし単なるものの反映であるのでもない。むしろ、内的リアリティを媒介することなしには、外的リアリティの創造もありえないといったようなものである。

そんなことを考えながら、――またこの問題は、これからみんなの問題として発展させたいと思っているところのものであるが――いつも、わたくしは、グロピウスのことを思い浮べるのである。いつまでも余韻が残っているようである。

（初出『グロピウスと日本文化』彰国社、一九五六年）

『桂』序

この桂の本は、この離宮のいわゆる記録ではないし、まして歴史家的な研究でもその年代史的な記述でもない。またこの本の写真が示している桂は、現実に存在している桂そのものではないだろう。むしろこの本は一人の建築家と一人の写真家の心象のなかに生きている桂の記録である。ここで私たちは桂を破壊的に眺めていると見えるかもしれない。この写真の本から桂を知った人は、現実の桂を訪れて、別のものにみえて落胆するかもしれない。しかし桂から去ったあと、その人の心象の中に、より桂的なものが焼きつけられているに違いない。そういう時に再びこの桂の本をひもといていただきたい。この本はその残像をそのまま写し出しているだろう。そういう本でありたいと私たちは考えている。

私たちの視覚は多く部分に向けられている。形と、空間と、あるばあいには時間を、ここで部分的に見ているのは、この部分が全体を構成し秩序づける要素としての意味もあるだろうし、また写真による伝達の効用でもあり限界でもあるだろう。

しかし、ここではもっと本質的な意味をもっている。それは桂それ自身、もっとひろくいえば、日本建築の伝統の一側面にたいする私たちの批判をも示しているのである。

これについては、あとでさらに立ち入って触れることになるだろうが、端的にいうことが許されるならば、私たちは、日本建築あるいは庭園の伝統のなかに――とくに上層の社会のなかでしだいに形式化してきたところの文化形態のなかに――見られる特質を次のように考えている。日本の伝統にあらわれているものをみると、その発想はつねに身辺的な体験と情感から出発している。手のとどくところ、味の味わいうるところ、いわゆる五感に直接的に訴えるところ、そこから出発しているといってよい、それはテクスチュアー、パターンとして心に象ちづくられるたぐいのものである。それはさらに空間へ、さらに時間へと、とめどもなく流れてゆくのである。

テクスチュアーからパターンへ、パターンから空間へ、さらに空間から時間へというこのとめどもない流れは、しかし決してとどまることがない。それはどこまで行っても一つの全体といった観念に達することがないのである。一つの統一としての全体像に完結することがない。かろうじて、この時間的な流れのなかに統一を与えているのは、情感とか気分であるといってよい。だからまして、時間を固定させるような記念碑的性格はきわめて稀薄である、といえるだろう。

このような空間の移ろいやすさは、日本建築と庭との伝統の一つの側面をなしているものであり、また桂には、とくにあざやかに現われている。桂ではテクスチュアー、パターン、スペース、これらの時間的な移りかわりを体験する。しかしこの移りかわりの間には、それを一つの緊張した統一感覚にもりあげてゆくなにものかに欠けていて、この写真集から、だれも、全体像をつかみ出すことは困難だろう。それはこの写真集のせいでなく、桂自身のせいなのである。しかしページをくりひろげながら、そこに流れが——それはパースペクティヴとして、またコンティニュイティとして、何か気分的なものによっておおいつつまれているのを感じとっていただけるだろう。

この桂には、日本の建築の一つの伝統の系譜がその基調をなしている。それはここにふれたように、王朝的文化の伝統であるといってよい。それはいわゆる日本的と呼ばれているところのものであって、私は広い意味で弥生的なもの——静的な、平面的な形態均衡をもってあらわれる美的な形式性をもっていて、そこに主観的情緒的なものが覆いかぶさったような性格をもっている——であると思う。

しかし突然、この静かさをさえぎるような別のものが、ここに撮られた写真の一駒のなかに対立として、あるいは一駒と他の一駒とのあいだの対立として、多様性をもってあらわれているところにも気づかれるだろう。この多様性は、桂が発揮した自由な創造精神のあらわれである。それは桂を一つの形式へと固定することなく、桂に自由を与えている。

この自由なる創造精神は、弥生的伝統の基調と、それを破壊しようとする他のエネルギーとのはげしいぶつかりのなかで、生れているのである。

このエネルギーを私は広い意味で縄文的なものと呼びたい。これは民族の初源的な生命力とでもいってよい。これはつねに美的な形式を打ち破ろうとする生命力でもある。

この生命力は、下層社会の文化生成のエネルギーではあるが、この桂の時期にはじめて、このヴァイタルな民衆のエネルギーが文化創造に加担してくるのである。それは王朝的伝統の破壊者、否定者として現われてくる。

この二つの系譜——日本の王朝的文化の伝統と、ヴァイタルな民衆の文化形成のエネルギー——のあいだの燃焼が、桂の創造をより自由な、しかも緊張あるものにしているのである。

この桂の本は、これらのことを視覚的にみていただくために作られている。ここに撮られた写真は、そのような一駒一駒を追っている。あるものは抽象絵画のような、また抽象彫刻のような表現をともなっているだろうが、どの一駒をとってみても、そこには生活体験からくる知恵と、また生活の底にある情感が、見事な一つの表現となって統合されているのである。そこでは機能的なものと表現的なものとの融合があるといってよいだろう。これはまた日本建築と庭――とくに桂――にあらわれた大きな特質をなすものである。

写真家の石元泰博君と私は、度々桂に出かけて、私たちの意図を視覚化してゆく方法について話しあった。ここに収められた写真は、すべて石元君がこの本のために新しく撮ったものである。

私はまたここで、その一端に触れたように、この桂の建築と庭のなかに、日本の伝統の二つの系譜――弥生的なものと縄文的なもの――のあいだのディアレクティクな燃焼をみいだしている。そうして、ここに〝伝統と創造〟の構造がもっとも典型的に現われているとみている。その構造を明らかにすることは、たんに、桂の理解ばかりでなく、創造にたずさわるものにとって、その実践のよりどころともなるだろうと私はかんがえている。ここにかかげた〝伝統と創造〟と題する一文は、以上の主旨によって書かれたものである。ここに収められた石元君の写真と併せて、読者が、桂の本質に迫り、さらに日本建築の伝統と創造の核心に触れられるならば、私たちの望外の喜びである。

しかし、この本の出版にあたって、もっとも大きな貢献をして下さったのは、Walter Gropius 博士である。Gropius 博士は一九五四年に日本を訪れ、そして桂をみ、現代の建築家としての鋭い知性と豊かな感性でそれをとらえ、そのなかに近代性を見出されたばかりでなく、さらにそれをたんなる外国人の傍観者としてではなく、現代の私たち日本人にとって伝統と現実との間にあるいろいろな困難な状況についても、深い理解を示されたのである。

この本の計画は、Gropius 博士からうけた感銘によって、彼の訪日のすぐあとに始められた。

そうしてここに、日本建築にたいする Gropius 博士の寄稿を得たことは、私たちの最も喜びとするところである。

またこの本のために、レイアウトやデザインを心よく引きうけて下さった Herbert

Bayer 氏には心から感謝している。アメリカのアスペンと、日本の東京とのあいだの協力には、いくつかの困難がともなったが、それにもかかわらず、何回となく、このレイアウトをねり直して下さって、このような素晴らしいかたちに、ととのえて下さったということは、Bayer 氏が桂とこの桂の本に心からの愛情をそそぎこんで下さったためであり、私たちがこの上もなく感謝しているところである。

また印刷の他全般にわたって、原弘氏と亀倉雄策氏の御指導をえたことにたいしても、ここで厚くお礼を申し上げたい。

また Gropius 博士の文章を日本文のかたちにして下さった浜口隆一氏、また私の文章を英文にかえる労をとって下さった Charles E. Terry 氏に、ここで感謝を申し上げたい。

またこの困難な出版計画が実現の運びとなったのは、永い期間にわたって。石元君や私とともにたびたび桂を訪れ、また私たちを勇気づけて下さったばかりでなく、わずらわしい経済的難関をも突破してくださった小林英夫氏に負うものであることも、ここで感謝をこめて特記したいと思う。

（初出『桂――日本建築における伝統と創造』造型社、一九六〇年）

サンパウロ・ビエンナーレ展の焦点

いまどこの国でも、近代主義をのりこえる道を探し求めているようにみえる。わたくし達もそのことを課題としてとっくんでいる。いろいろの国の人たちが、それぞれの立場で話し合ってみることはたいへんよいことではないだろうか、などと考えていた。ちょうどそんなときに、どういうわけか、サンパウロのビエナール(建築および美術の国際隔年展。ビエンナーレ)から、建築部門の審査員になれという招きの手紙がまいこんできた。審査員などというのは柄ではないのだが、これを機会にいろんな人と会えることを楽しみに、旅支度をととのえることにしたわけである。

さいわいに同じく建築の審査員として招かれているマルセル・ブロイヤーとフィリップ・ジョンソンとはニューヨークでめぐり合って、同じ飛行機でサンパウロに向かうことになった。

コルビジエやグロピウスさらにミースたちによって三〇年前にはじまった近代建築は、機械時代の建築ということであった。技術のもつ合理性と国際性がその旗印でもあった。それはまた機能主義ともよばれていた。このことは近代美術がピカソやレジエたちのキュービズムから始まったのと、その時と意味を同じくしている。そうしていま、このような近代主義はアカデミズムからコマーシャリズムのすみずみにまで浸透してきた。このことを裏がえしていえば、すでに形式化した近代主義は、その創造性を失ったことを意味している。

この近代主義をのりこえようとする動きのなかには、三つの方向が現われはじめているようである。

一つは、あくまで近代主義を貫徹することによって、それをのりこえようとする人たちである。建築のミース・ファン・デル・ローエはその代表作家といえるだろう。彼はあくことなく、鉄とガラスによる建築を追求してきた。

彼のパートナーであるフィリップ・ジョンソンはさらにそれをおしすすめている。今、その二人の協同で建設中のブロンズとガラスによるシーグラム・ビルはニューヨークの代表的建築となるだろう。このブロンズとガラスの直線と平面による純粋抽象の世界も、ここでは単なる死の世界ではなく、新しい生命を獲得しているように見える。近代を貫徹することによって、新しい人間像を発見してゆこうとする立場のように思われる。

もう一つは、近代主義のもっている冷たさ、非情さをすてて、温かい人間らしさを求めようとする立場である。この場合、人間的ということばは、温かさとか深みとか、あるときには、きらびやかさとか、また反対にしぶさとか、数多くのニューアンスの差はあっても、ようするに趣きとか味といった側面からとらえられている。ここでは、多くの場合すでにすぎ去ろうとしている人間像が描かれている。建築でいえば、エドワード・ストーンとかイーロ・サーリネンが最近とっているロココめいたデコラティフの傾向は、この代表的なものといえるだろう。また抽象表現主義あるいはアンフォルメルとよばれている傾向も、このようなものと考えられなくもない。また日本の禅や東洋世界にたいする西欧側の注目も、この傾向の一つの現われとも思われる。目下パリに建設中のユネスコ本部の建築を設計したマルセル・ブロイヤーの多分に温情的な、気分的な傾向も、しいていえば、この動きのなかにあるように思われる。これらは総じてエステティクなもの、美的なものへの傾向であるといってよい。

最後のものの描く人間像は、より現実的であり、また民衆的である。それはヴァイタルなもの、生命的なものを求めているといえるだろう。たとえば技術についていうと、ここではそれを第一の人たちのように、至上なもの、あるいは理想としてはかんがえない。また第二の人たちのように技術を単なる手段ともかんがえない。むしろ技術を生命力の外延としてうけとっている。だからここでは技術も、具体的な人間、民衆から離れては存在しない。技術はあくまで現実的である。その現実の技術のなかにヴァイタルなものを見出してゆこうとする立場であるといってよい。最近のコルビジエのコンクリートによる建築の傾向は、この立場を特異な個性をもって、追求しているとみてよいだろう。これはさらに民族的な色彩を濃厚にとって現われる場合がある。イタリア近代建築の代表者の一人と目されているロジャースの最近の傾向は、ひじょうに伝統的であり、三〇階の現代技術によるアパートが、いかにもイタリア中世の塔のように、ミラノにそびえたちつつある。

わたくし自身、六年前の都庁舎のとき、近代主義を貫徹することによって、伝統的なものに接近しようとしていたといってよい。この経験が、その後のわたくしを第三の立場に方向づけた。現代の技術のなかに民衆のヴァイタルな意志を見出そうと志しているといってよい。それぞれに違った立場にたったブロイヤーと、ジョンソンと、そうしてわたくしがビエナールで審査をともにするということも、不思議なめぐり合わせであった。

わたくしたちが着いたのは開会の二週間ぐらい前であったが、その日から開会までのあいだ会場の準備はしごくのんびりしていて、送られてきた作品も、開会日にもまだ税関の倉庫に眠っているものがあるといった具合であったが、それでもすでに、連日連夜、昼は昼で、夜は夜で、各国の領事館や大使館、ビエナール主催者のマタラッツオ、あるいは各国から集まっているコミッショナーたちが主催して、パーティが開かれ、なにか、国際的な雰囲気だけは熟している。いちいち丁寧に出席していたら審査の仕事にもならない位であるが、しかしそんな機会に、各国の芸術家や批評家たちと、だんだん親しくなるのはよいことである。そのうち街やホテルで顔を合わせても、言葉をかわすようになる。

バウ・ハウス系のグロート博士がきている。彼が美術部門の審査の議長をつとめていた。アメリカの近代美術館の身の入れようも大変なもので、国際交流部長のマックレイと美術部長のアルフレッド・バーがきている。美術の方は国が単位になっているので、競争意識も大変である。アメリカは、ジャックソン・ポーロックの大作を二十数点出している。フランスはシャガールを古いものから最近のものまで、三〇点近く集めている。ドイツはバウ・ハウスで活躍した人たちの回顧展を大々的にやっている。イタリアは、ジョルジオ・モランディのものを四十数点も出して、一九一〇年代のキュービズムから最近の具象的なものへの彼の移りかわりを展望している。この四つは、絵画の内容というよりは、その偉容で会場を圧している。すでに下馬評は、このうちのだれがグラン・プリを獲るだろうかということに集中しているようであった。

結局モランディがグラン・プリをもらうことになった。政治的にもいろいろ問題があったらしく、ビエナール美術部門審査員団はその発表にあたって、フランス政府に対しては、二〇世紀初頭のパイオニヤーであるシャガールの展望的な出品に対して感謝の意を示し、またバウ・ハウスにたいしては、国際的に近代精神をうえつけた功績をたたえ、またニューヨーク近代美術館にたいしては、ジャックソン・ポーロックの抽象インプレショニズムの展示にたいして敬意を表するむねのステートメントを同時に発表した。

グラン・プリについては、ベン・ニコルソンとモランディとの間にも問題があったようであるが、結局、ベン・ニコルソンは絵画の部の最高賞に廻されてしまった。

しかしこれらに対しては、新鮮味のないという印象が一般には多いように見かけられた。

スペインもまた張りきっている。スペインからは彫刻家のオテイザが自作と一緒にここに来ている。彼は木や陶器や鉄を使って彫刻している人である。ここには鉄のものだけを持ってきている。彼とは、スペイン語では話は通じないのだが、口まね手まねでとても親しくなった。建築の審査員仲間では、彼の彫刻はなかなかよいという内輪話はしていたのだが、その彼が彫刻の部で最高賞をもらったことをあとで聞いたときには、人ごととは思えず、うれしかった。このように、いろんな人とお互に親しくなるということも、国際展の一つの大きな収穫といえるだろう。芸術家のあいだには、国境がないということがしみじみ感じられる。

版画の最高賞が浜口陽三に与えられたことは、わたくしには、うれしいしらせであった。彼のグラビアは小品ではあったが、この広漠とした会場の片隅で、なお人を魅了するだけの神秘さをもっていた。

国際美術展会場の日本の区画は、三〇〇メートルほどある長い会場の一番奥のつき当りで、悪い場所ではない。そこに近づくと、書と屛風ふうにしつらえられた木版画が目につく。それが、どういうわけか土俵の外で角力をとっているように思え、正直にいって、がっかりしたのである。しかし開会前であったが各国から手伝いにきている画学生のような人たちが、書があるそうですが、どこですか、などと私をつかまえて聞くぐらいに、興味をもっている。わたくしは、複雑な気もちにならざるを得なかった。こういうことではないだろうか。

書や、それはまた茶室ふうな日本建築についてもいえることなのだろうが、それらが、芸術としての質をもっていることを否定することはできない。しかし何かに欠けている。それは、近代を媒介としていないという事実に、決定的な問題がひそんでいるように思われる。対象を客観的につき放してみる、いいかえれば自我の成立といったものが、その創作の過程に含まれていないということではないだろうか。しかしいま、わたくし達はその近代をのりこえようとして伝統に注目している。また自我と対象との原始的な融合の神秘的世界にわけ入ることもある。それは、わたくし達の創作の場で、近代主義をのりこえるための何か、ショックをそこから得たいからであって、そのものを、わたくし達の創造にすりかえようとしているのではない。そのように過去は、近代を媒介として、創造につながるのである。

ここの書と屏風ふうの版画には、それに反して、ただ過去性、あるいは特殊性が、生まに現われているように感じられた。このことがこの会場で——近代人がしかもその近代をいかにのりこえるかという課題にとっくんで、国際的に競っているところで、何か土俵の外で角力をとっているといった感じをわたくしに与えたのではないだろうか。

その奥に川端実の油絵を発見して、わたくしは安心した。彼の絵は、世界が、創造のたたかいをしているこの広大な会場で、堂々と正面きって太刀打ちしていたからである。

ビエナールの国際建築展は、この会場の三階で開かれている。一階がブラジル国内展、二階がさきの国際美術展なのである。建築の賞は、グラン・プリと、部門別賞——住宅・アパート・商業建築・工業建築・公共建築・その他——と、学生の課題設計——工場労働者のための住居集団の設計——の三段階に分れている。

ことしは予算の関係で、グラン・プリは出せないということになった。前々回と前回に、ル・コルビジエとグロピウスがそれを貰っている。また早稲田大学が最優秀の四校——パリ大学、サンパウロ大学、ヴェネズエラ大学、そうして早稲田大学——の一つとして受賞し、三回続けて連勝したのは、この学生コンクールである。

部門別のところでは世界各国からすぐれた建築家たちの参加があったが、日本からの参加がなかったことは残念である。恐らく日本の建築家には、受賞の圏内に入りうる人も相当にいるだろう。

しかしその出品作品のなかからは、わたくしがはじめに予期したような動きは、あまりするどくは現われていなかったといってよい。むしろ審査をする側の、ブロイヤーと、ジョンソンとわたくしとの間の傾向の違いが、審査の討議を通じて、よりあきらかになったということのほうが、わたくし達にとっては興味があったといってよい。

住宅の部で、ブロイヤーはリオ・デェ・ジャネロの建築家トレドの住宅を第一に、カリフォルニアの建築家ソリアノの住宅を第二としている。ジョンソンはソリアノを第一として、パリのヴォーゲンスキーを第二にしている。わたくしは、ヴォーゲンスキーだけを推している。この三人三様のちがいは、はじめに、わたくしが触れたような建築の基本的な考えかたにまで触れる問題を含んでいる。

あとで親しくなったが、トレドは三十代半ばの誠実なすばらしい男である。恐らくブラジルの次の時代に最も期待される建築家だろう。彼のこの住宅作品は、ローコストを意図されたものでありながら、中々ブラジルの風土に適応した一つの雰囲気をもっている。しかし建築を構成する技術が充分に消化されていないために、視覚的な統一を欠いている。ブロイヤーはそれもよしとした。しかしジョンソンとわたくしはそれを肯定しなかった。

ソリアノの住宅は、鉄骨の明快な骨組に、工業化された素材、プラステック・アルミニュームなどを使った技術水準の高い作品である。明快な、解放的な、むしろ日本的ともいえる現代カリフォルニア建築の近代主義的傾向をもっとも典型的に示している。

ジョンソンはそれを第一に推した。ブロイヤーもそれに従った。この工業化され、無機化された住宅は写真効果としては、すばらしく近代的にみえる。わたくしは、しかし、このような技術至上主義を、建築の正しいありかたとして肯定できない気もちを、現在、もっている。

ヴォーゲンスキーは戦中戦後を通じて、ル・コルビジエのアトリエのチーフとして働いてきた建築家である。戦後のル・コルビジエの作品には恐らく彼のなにがしかの貢献が含まれているだろう。

彼の住宅はコンクリートでできている。わたくしがここに出品された四十あまりの住宅のなかから、これを推したのは次のような理由からであった。この住宅には耐える力がある。風雨にたえ、生活にたえ抜くヴァイタリティが感じられる。コンクリートの技術のなかから、ヴァイタルなものを発見しているといってもいい。ジョンソンはわたくしに同意した。しかしブロイヤーは否定的であった。

これらはすべて第一級の住宅作品といえるだろう。しかし残念なことに、わたくし達はそのなかから一つを選び出すことができなく、受賞者なしという結果になってしまった。

アパートの部では、だれも受賞に値するものを選び出すことができなかった。むしろ、まとめ役に廻ってしまったブロイヤーが建築家としてよりは、まとめ役としてクローチエの作品をとりあげるという結果になってしまった。

商業建築の部では、ミラノにたつベルナスコニー、フィオッティ、ニッツォーリの協同設計になるオリヴェッティのオフィス・ビルが、とくにジョンソンによって推された。ブロイヤーとわたくしは消極的にそれに賛同してそれの受賞を決定した。話がわきみちにそれるが、帰途ミラノに立ち寄る機会があったが、このミラノは、ヨーロッパの建築界の問題がそこに集約されていて、建築的温度のたかいところだということが、感じられた。そしてここの受賞作品はミラノにたつ近代主義の代表作であることもたしかである。しかし目下建築中のギオ・ポンテのスカイスクレーパーは、わたくしのいう、第二の傾向のものであり、また同じく建設中のロジャースのスカイスクレーパーは第三の傾向を極端に示すものであり、それらがここの建築的温度をさらに沸きたたせている。それがまたトリエンナーレの会場にも現われており、前回や前々回に見られたように近代主義一色でぬりつぶされた一つの統一を、今回はみることができなかった。トリエンナーレの会場にも、貴族趣味あるいはデカダンへの傾斜と、民族主義あるいは伝統への傾向とが、ここの主流をなす近代主義のなかにしのび込んでいることが感じられた。

公共建築の部では、リオの大学都市が受賞した。モレイラを首班として、さきほどのトレドなども協力している。三人の意見がほぼ一致したのはこれ一つであったといってよい。

わたくしが、二人の反対をおして要求したのは、カラカス大学都市でこころみられた建築と彫刻と絵画の統合の問題であった。建築家カルロス・ヴィラノヴァと、カルダー、レジエ、ローランスなどの協同である。反対の理由は、たとえば、この彫刻や絵画を外して、建築だけをみれば、つまらないじゃないかということであった。わたくしもこの建築は最高水準のものとは思わない。しかしそれらが総合されたときに、建築だけでも出せない、また彫刻そのものにも期待できない別の統一された表現と効果が生れているということが大事なことなのである。わたくしがこれを推した理由はここにあった。そうしてこれは、芸術の統合という観点から、規定にはなかった特別の賞が与えられることになった。

これらは、世界の建築の進歩に貢献するものを見出すための審査であって、競技設計ではない。工業建築の部と、その他という部には、そのような意味で、受賞者を見出すことができなかった。

学校単位の課題〝工場労働者の住居集団〟にたいする学生コンクールには世界から三十数校が応募した。規定では一等一人、二等二人ということになっている。ここでも、都市計画における近代主義、あるいは機能主義をのりこえる何かをもっていることが、その審査の主眼であった。都市というのは住居・労働・リクリエーション・交通という四つの基本的な機能に分けられる。それらが住まうという機能にあった住居、労働の機能に適った施設というふうに、それぞれの機能にそれとしては適った解決を与えるということは基本的には必要なことなのである。だからこの機能主義、あるいは都市計画の近代主義はまちがってはいない。ただ何かに欠けている。わたくし達の生活は、それらの機能をばらばらに営んでいるのではない。生活はそれらの機能の統一として実在しているのである。都市計画をする場合、いま建築家には、より広い、より新しい立場と創造力が要求されているのである。それは個々の機能を視覚的に実現してゆくことではなく、機能の統一体――いえば社会生活そのものを視覚的にイメージしうる能力が必要になっているのである。それを社会的な構想力と呼んでもよい。それが必要な段階にきているのである。

この社会的な構想力がどう表わされているかということが、審査の討議の主要なテーマになった。もちろんここでも、三人三様の傾向をもっている。そうして四つの大学が優劣つけがたいまま残されることになった。

全体を通じ、建築の審査は、率直な討論によって大変に気もちよく、行われた。それは、一つには、審査に関わった建築家のあいだでお互が作品を通じて、お互の考えかたを知っていたということが、よかったのであろう。しじゅう談笑を交えて行われたが、話が建築の問題からそれてゆくことは決してなかった。審査もおわり、お互に別れを惜しんだあと、わたくしは――またお目にかかりましょう――といって手を握った。ブロイヤーは手をつよく握りかえして、こんな風に最後の言葉を結んだ――建築の戦線でまたあいまみえよう――と、ジョンソンもそれを聞いて感慨ふかげであった。これは、一〇日あまり、ブラジルでともに暮したわたくし達の最後の別れに、いかにもふさわしいことばであった。

（初出『芸術新潮』一九五七年一二月号）

対立をふくんだ芸術の協同

バッファロー・ファイン・アート・アカデミーの百年祭にあたり、またそのオールブライト・ノックス・アート・ギャラリーの新しいウィングの完成を祝するために催されたこのシンポジウムに参加し、著名な皆さまのまえでお話しする機会をえましたことを、大変に光栄と存じます。このシンポジウムの主題であります「美術集輯における先駆的意味」は、新しい芸術家を探し出し、また激励して来たオールブライト・アート・ギャラリーにとって、まことにふさわしいものでありましょう。そうして私の日頃尊敬している世界の芸術界における指導者の方々と同じ席から、皆様にお話しすることを光栄と存じております。

私は幸か不幸か、建築家でありまして、諸先輩のように、このシンポジウムで適切で深遠な発言ができないことをお断りしておかねばなりません。

私はこの席をかりて建築家の立場からこのテーマにたいして「現代建築において、諸芸術がいかに総合されるだろうか」という側面から、接近してゆきたいと思います。

まずはじめに、私のささやかな経験をお話しすることを許して頂きたいと思います。私は、幾度か、彫刻家や画家たちと協力する機会にめぐまれました。広島の平和会館と公園の場合に、二つの橋の賦形についてイサム・ノグチの協力をあおいだとき、また東京都庁舎の本館で、画家の岡本太郎と協力したとき、また草月会館での勅使河原蒼風との協力、香川県庁舎の市民ホールの陶板画について猪熊弦一郎の協力をえたとき、またいくつかの機会に篠田桃紅女史の協力をあおいだときなどであります。これらの経験や、これらの協力に際して私がいだいていた考えは、別の小さいパンフレットの文章――「建築と現代芸術」と題した文章(『現実と創造』所収)――に示されております。それはすでに六、七年も前一九五五年に一般の人たちに講話をしたときの速記でありますが、私の考えの大要を示しております。

しかし、ここでは、もう少しそれを具体化し、また発展させてみたいと思っております。

私にとって芸術家との協力の最初の経験は、広島平和公園と平和会館を私が設計したときに、このデルタ状の敷地の両側を流れる川に架ける二つの橋を、イサム・ノグチにお願いして、その形を与えてもらったときでした。――残念なことに橋といっても、その構造的な意味における形はすでに建設省によって決定ずみであって、直接、橋をゆく人の目にふれる部分に限られていたのでしたが――。

この二つの橋は、東西からこの平和会館の敷地に入ってくる入り口にあたるものでした。「行く」と彼が命名した橋は、日本の古い舟を想い出させる形でした。そうして「創る」とよぶ橋は太陽をかたちどるもののようであった。彼は広島の悲惨な廃墟から、なにか新しい生命が生まれるだろうという希望をもって、この橋の賦形にとりくんだのでしょう。

これは広島の市民、また広く日本の国民のすべての希望でもあり、私たちがこの平和会館という一つのモニュメントを計画した意図でもあったのでした。

東京都庁舎で、玄関を入ったところのホール、――私たちは都民ホールと呼んでいますが――そこに、岡本太郎は、「太陽」と「月」と名づける陶板画を描いた。また一般の吏員の出入り口になる玄関に「建設」を描いた。岡本太郎がこの空間に与えようとしていた意味は、ほぼこの題からお分りのことと思いますが、それはまた私がいだいている意図でもあったのです。

さらに上記のものとは多少その意味をことにしていますが、建物のピロッティを支えている外部からみえる四つの壁に、それぞれ青・赤・緑・黄を主体とする陶板画が同じく岡本太郎によって描かれました。

また香川県庁舎では、一階の市民ホールの四面の大きな壁に猪熊弦一郎は、「和」「敬」「清」「寂」という四つの陶板画を描きました。

私は芸術家の作品が、こうして社会の広場にしっかりと自分の場所をしめる、ということの社会的意義を感じておりました。と同時にそういう場合、これらの作品が、作家の孤高なあるいは自己満足的な感情の表出ではなく、その場所にこめられた市民の希望――いいかえればその空間の社会的意味――と同調するものでなければ、一つの作品が一つの場所に固定されるということの意義がないだろう、とも考えておりました。

そうして、こうした希望――意志とか感情――を、一つの具体的な形として表出するというそのことに、私は彫刻家――あるいは画家――の人格と技能を期待しております。

しかしよくあることでありますが、広島の市議会の人たちにとっては、イサムが提出した橋のかたちは全く理解をこえた不可解のものと映ったようでした。そうしてその賛否をめぐって市議会が、まる一日、奇妙な芸術論に花を咲かせた、ということは、また稀有のことでしたが、そうした難関を経て、これらの橋はようやく実現したのであります。いまでは、市民たちは、これを広島再建の象徴として、日常生活のなかで、うけとっているように思われます。

このように、社会の広場に出た芸術作品は、なにがしか、象徴的意味をおびるものではないでしょうか。

岡本太郎の東京都庁舎における「太陽」その他の陶板画は当初さらにはげしく、多くの文化人たちから非難されました。建築と不調和であるというのが、その主旨であったようであります。しかし今では、一般市民からは、東京都庁舎の一つの象徴として、うけとめられているように、私には感じられます。

そのあと、香川県庁舎で猪熊弦一郎が「和」「敬」「清」「寂」を描いたときには、ほとんど抵抗なく一般の市民に迎えられました。それは岡本の作風が猪熊のものよりは、はげしいというためでもあったでしょうが、それよりも、こうした芸術のもっている社会的意義や象徴的意味についての理解が、一般に広まったためでしょう。

といいますのは、その後、多くの公共建築に、こうした壁画が現われるようになりましたが、ほとんど岡本を模したと思われる作風の場合にも、ひとは、それを許しているからであります。

こうした象徴的意味は、芸術が社会の広場に進出してくるときに求められる社会的機能でもあります。もちろん、ここにも幾つかの度合いがあるものと思われます。個人の住宅、料理店や娯楽場、公共的な文化施設、さらに記念的な施設といったそれぞれの段階で、この象徴性の現われ方は、淡いものから、しだいに濃いものとなるということも当然のことであります。

しかし、こうした諸芸術間の協調のことを、芸術の問題としてみるとき、別の側面がクローズ・アップされます。

それは、建築・彫刻・絵画が共存するときにおこる形態上の均衡や空間的秩序のことであります。

さらに、この結合の作用が、個々のものがもっている水準より、より高次な化合物を創造しうるか否か、という問題でもあります。

一般に多く見かける例は建築空間に、あるいは壁面にデコラティフな要素として、彫刻や絵画的要素が参加する場合であります。これは、建築デザインにおいて、イメージが次第に細部までを決定してゆく過程で壁面や空間のエンリッチメントとして要求されるものであって、多くの場合、建築家のイメージの実現化のなかで編入されてゆくオーナメントであるといってよいものであります。こうした場合、絵画や彫刻は建築像に完全に従属していて、それとしての自己主張をいたしません。

こうした協力があまり価値のないものであると、ここで言おうとしているのではありませんが、協力というには、余りにも従属的関係におかれております。

次の段階として、建築、architectonic――アーキテクトニック――上の意味の強調のために置かれる彫刻や絵画があることも見逃すわけにはゆきません。例えば、重力や地震力に耐えている壁に、なにか強い表現を与えたり、あるいは空間を次の空間とつなぐための半透明な彫刻的スクリーンを設けたり、あるいは無性格な空間の存在を示すためにおかれる彫刻など、空間の意味をより強調している例は、きわめて多く、単なるデコレーションに比べれば、よりアーキテクトニックな結合であるといえます。私たちがこころみた都庁舎や香川県庁舎も、こうしたアーキテクトニックな意味をも含んでおります。しかし、この側面はあくまで建築家的発想の外延にすぎないものであります。

私はさらに次の段階について考えてみたいと思います。それは、それぞれが主体性をもちながら、協力するという関係であります。異質な分子が結合するときに、全く新しい物質が創造されるように、異質なものの協力関係が生みだす創造的役割について、考えてみたいと思います。前の二つの段階をホモジニアスな協力とよぶならば、これはヘテロジニアスな協力とも、あるいはアンタゴニスティックな協力ともいえるでしょう。

ここで、ル・コルビュジエについて触れることを許していただきたいと思います。彼は建築家であるとともに画家であり彫刻家であります。それだけに彼の場合、芸術の総合は理想的に成り立つ、という風に理解されております。

建築家と画家・彫刻家とのあいだの協力は、一般に、た易いことではないという意味で理解されるならば、それは正しい理解とはいえないでしょう。というのは、ル・コルビュジエの場合、建築家としての彼と、絵画・彫刻家としての彼は、その概念構成において、その手法においてそれぞれが主体性をもっているという点が重要であると考えているからであります。建築家として彼は、ながくカルテジアン風に合理的であり、明朗なアポロ的精神の持ち主であったのですが、しかし画家としての彼はごく初期のピューリズム以後すでに一九三〇年代の後半においては、ディアボリックな非合理性にめざめ計りしれない暗さと深さをもったディオニュソス的情緒を帯びて現われております。ル・コルビュジエにおけるこの両極性を、建築家と画家の両側面と同視することはできないにしても、このディオニュソス的小宇宙は、彼の画家としての体験のなかで醸成されたものとみても大きな誤りではないだろうと私は考えております。ここで強調したいことは、この両極性が一人の人格のなかで化合することによって、彼の創造的前進があったということであります。ミースの首尾一貫した、単調な完成への途と比べて、ル・コルビュジエの多彩な変貌と発展の秘密は、ここにあったのではないでしょうか。こうした異質なものの協力――ヘテロジニアスな協力――あるいは対立を含んだ協調――アンタゴニスティックな協調――は、ル・コルビュジエという一人の人格のなかで見事に昇華し、次々と新しい創造的作品をつくり出し、ついにロンシャンの教会やリヨンの近くのドミニカン僧院などに結実したのであります。

しかし、建築家・画家・彫刻家それぞれが独立に、それぞれの主体性を放棄することなく、しかも協調するということはそうた易いことではありません。私は、こうした協力にこそもっとも創造的で、実り豊かな協力関係があると考えております。私が行なってきた総合の試みも――それが成功しているか否かは別として――ひそかに、こうした意図と期待をもって行なわれたものであります。とくに東京都庁舎の場合、建築の弥生的性格のなかに、岡本太郎の縄文的要素を導入した私の意図は、こうしたところにあったといえましょう。

芸術はそれが芸術である限り、それ自身の小宇宙をもつものであります。一般に、芸術の観賞というとき、観る人をその小宇宙に誘いこむものであります。観賞の場である美術館では、観る人がそうした小宇宙に入ってゆくことを、さまたげてはいけない、とされております。個性的建築家が設計した美術館は、多くの場合、絵画を鑑賞する立場の人からは非難されがちであります。たとえば、ライトのグッゲンハイム美術館においても、東京にたったル・コルビュジエの西洋美術館においても、こうした非難はたえません。美術館の建築は完全にニュートラルであって、むしろ絵画的世界に従属すべきものだ、といわれております。これは美術館としては当然の要求であるかもしれません。

この例は、さきにあげた、絵画的要素、あるいは彫刻的要素が、建築に従属的である場合と対照的なものでありますが、しかし、ともに一方的、従属的関係におかれている点では同じであって、これはまだ諸芸術の総合とはよび得ないものであります。もしここで、大胆かもしれませんが、私の結論を言うことが許されるなら、私は次のように申しあげたいと思います。

芸術の総合が、創造的な意味をもつためには、各主体はそれぞれの主体性を放棄すべきではないということであります。建築家は、建築的空間を創造するにあたって、その社会的意味——それはフィジカルな、またメタフィジカルな意味をも含めて——を建築的に、アーキテクトニックに実現すべきであります。そこで仮に、画家や彫刻家との協力が予定されているとしても、彼らに気がねをして、自己の個性を建築的に表出することに臆病であってはならないと思っております。画家・彫刻家も同じく、その置かれるべき空間の意味を絵画的に、あるいは彫刻的に追求し、また、実現すべきであります。つまり、絵画的、あるいは彫刻的小宇宙を創ることでもあります。建築的制約に打ちまかされて、その小宇宙を放棄してはならない、と思います。

というといかにも、何らの協調や、事前の相談も許されていないかのように聞えるかもしれませんが、そうではありません。空間の社会的意味について両者のイメージに共通点が見出されなければならないでしょう。しかし、それを実現する方法については、それぞれに妥協はありえないし、また芸術家的個性は、それによって歪められることがあってはならないのです。そうして、両者はその空間の意味を実現してゆくに際して、それぞれの個性と手法を最大限に発揮すべきである、という意味であります。

そうして、その結合が完成されたとき、建築家は自己の意図した建築的空間が、すでに変質していることに気づくでしょう。画家あるいは彫刻家は自己の描いた小宇宙が、扉を開いて、その空間に融解してゆくのに気づくでしょう。

しかし両者は、予期しなかった新しい化合物あるいは創造物がそこに形成されていることに気づくはずであります。それは個々が意図した空間の意味を、より高度に実現している空間的創造であることを知ることになるでしょう。こうした化合物こそ、協力そのものがもたらした創造なのであります。

私はこうした協力あるいは結合のしかたに一つの期待をかけております。もちろん、いかなる場合にも、新しい化合物の創造に成功するとは限りません。としても、多かれ少なかれ、芸術家相互の協力においては、こうした不確定性、偶然性はつきまとうものであって、芸術家は、何がしかの冒険を強いられているのであります。それはある場合には功の少ない、果敢なく、こわれ易い冒険であるかもしれませんが、しかし創造的芸術家は、この冒険を身にうけて立つべきでありましょう。

（一九六二年一月バッファロー・ファイン・アート・アカデミーでの講演）

（初出『現実と創造』美術出版社、一九六六年）

編者解説

豊川斎赫

二〇世紀に建設された近代建築の多くが解体され、大半の建築家の言説が忘却されるなかで、なぜ丹下健三(一九一三―二〇〇五)だけが人々を惹き付けて止まないのか。編者なりの答えを要約すれば、以下三点にまとめられる。

第一に、近代建築の巨匠ル・コルビュジエは日本の近代建築の発展に大きな影響を与えたが、丹下はル・コルビュジエの建築作品に潜むダイナミックな造形原理を的確に読み取り、自らの表現に取り込んでいる。同時に丹下は、ル・コルビュジエ以外の近代建築が、合理的ではあるが訪れる人の心を揺さぶれないと批判し、近代建築が標榜してきた機能主義と距離を置いた。この結果、丹下は訪れる人の心を揺さぶる近代建築の実現に成功した。

第二に、丹下は、古来の伝統建築を忌避せず、東洋・西洋における古典建築の美学と近代建築の美学を止揚することに全力を注いだ。さらに、自らの建築論を展開しながら思索を深め、広島平和記念公園、香川県庁舎、国立代々木競技場、東京カテドラルに代表される数々の傑作を生み出した。いずれも古典建築特有のスケールの大きさや気品が保たれ、諸芸術の統合が図られている。同時に戦後民主主義のもと市民が集い、弔い、語らうための都市空間が具体化された。この結果、丹下の作品は時代を超える普遍的な建築として現代もなお生き続けている。

第三に、丹下は住宅の設計に重きを置かず、公共建築、都市計画、国土計画を一体的に捉えようと心がけた。丹下は建築と都市に一貫した秩序をもった比例関係(モデュロール)を求めつつ、自ら主宰する東京大学丹下研究室において人口動態に代表される統計数値に基づいて都市解析を推し進め、日本列島の将来像を描いてみせた。視覚的美意識と統計的合理性の止揚を試みた結果、丹下は世界中の新興国から都市デザインを依頼されるに至った。この点については、本書の姉妹篇『丹下健三都市論集』を参照いただきたい。

丹下は時代の先を行く作品と言説を通じて国際的な建築家として名声をほしいままに

したが、反面、絶えず批判に晒されてきた。例えば、丹下が戦前に提案したコンペ案は大東亜共栄圏を礼讃していたにもかかわらず、戦後一貫して反省を口にせず、その言説からエリート臭が消えなかった。為政者との距離が近く、部外者からは建築家として国家権力になびいているように見えた。特に、晩年の作品である東京新都庁舎(一九九一年竣工)は権威的な外観を有し、時の鈴木俊一都知事との蜜月(一九七九年の都知事選以来、丹下は鈴木の「応援団長」を自認した)が指弾され、幾度となくメディアから批判されている。

本書は、そのような二面性を合わせもつ丹下の「建築」というものに対する思索と思想の核心に迫ることを目的とする。丹下健三という建築家の謎を解くヒントは本書の至る所に隠されているが、ここでは本書で取り上げた論考の構成と社会背景について整理してみたい。

本書は以下三つの章、「I　建築家の構想力について」、「II　建築の設計について」、「III　建築の美について」から構成されるが、丹下が自身の作品を解説した論考以上に、それが生み出される動機や衝動、社会情勢や諸芸術との関係に焦点を当てた論考をピックアップした。

第I章は五本の論考からなり、古典、詩、創造性がキーワードとなる。一つ目の論考

「MICHELANGELO頌――Le Corbusier論への序説として――」は、東京帝国大学工学部建築科を卒業して間もない弱冠二六歳の丹下が一九三九年一二月に雑誌『現代建築』に投稿した論考である。創刊号(一九三九年六月号)はノモンハン事件の最中にスタートし、その一頁目には「今や日本は興亜の盟主として長期建設に乗り出した。建築界を始め一般工作文化の各分野は益々多事多難の時機を迎えようとして居る。然し将来新体制の整備に伴い斯界に課せらるべき使命は頗る重大である」と記され、建築が戦争と不可分な時代であったことがわかる。

「MICHELANGELO頌」は、当時の新体制運動に象徴される時局の変化を神々の意図になぞらえ、変化を機敏に察知し、世俗に伝える詩人(天才芸術家)の先例としてミケランジェロをあげる。ルネサンス期の建築家は古代ローマ建築と向き合うことで古典建築文法を体得し、多くの建築家は古典建築の模倣にとどまったが、ミケランジェロだけは情熱をもって古典建築文法を圧縮・変形し、古典建築と似て非なる躍動的な建築・都市空間(カンピドリオ広場)を実現した。丹下はミケランジェロに想いを馳せつつ、現代においてミケランジェロと同じ役割を果たせるのが、ル・コルビュジエであると位置付けている。

丹下の論考はハイデガー、シェリング、ニーチェなど、帝大生の好んで読んだ芸術論が縦横無尽に引用され、難解極まりない。この論考を読解する手がかりとして丹下の友人で夭折した詩人・建築家の立原道造による卒業論文「方法論」があげられる。立原は丹下と同じく東大建築学科で学び、共に近代建築を志し、先にあげた哲学者たちの論考を駆使したが、互いが背を向けるように一八〇度異なる芸術論を展開している。比喩的に整理すれば、立原が底冷えする北方の世界に求められる心温まる建築空間(作り手と使い手が、詩人と読者が隅々まで理解しあう儚い世界)を志向したのに対し、丹下は太陽の照りつける南方の世界に映える悠久の建築(古代に比肩する現代の神殿)を目指したのである。

二つ目の論考「現在日本において近代建築をいかに理解するか――伝統の創造のために――」は、雑誌『新建築』一九五五年一月号に掲載された論考で、丹下が記した言葉の中で最も名高い「美しきもののみ機能的である」が収められている。丹下はこの箴言に到達するために、生活機能と生活感情、進歩と伝統、内部機能と外部機能、「はじめに機能がある」と「はじめに空間がある」、機械と手、といういくつもの対立項を巧みに重ね合わせ、最終的に「機能的なものは美しい」と「美しきもののみ機能的である」を対比してみせた。これら一つ一つの対比が、一九五〇年代の日本における建築の諸問題の簡潔な整理となっており、丹下はそこで自らの立ち位置を表明している。特に「機能的なものは美しい」とは「形態は機能に従う」(ルイス・サリヴァン)を変形した文言で、機能主義に真面目に取り組めばいつかは誰もが美に至ると信じる愚直な建築家らに「目を覚ませ」と言わんばかりに冷水を浴びせたのである。

三つ目の論考「現代建築の創造と日本建築の伝統」は、『新建築』一九五六年六月号で発表されている。この論考で丹下は、機能主義を標榜する戦後日本の建築家らが目を背けてきた日本建築の伝統に正面から取り組む姿勢を見せ、伝統の創造的継承を模索している。中国文学者の竹内好は「近代主義と民族の問題」(雑誌『文学』一九五一年九月号)の中で、中国と日本を対比しながら近代のあり方を問い、「国民文学論」を発展させた。この竹内の批判的試みを踏まえて丹下の論考を読むと、西欧から輸入した近代建築の模倣を競うのではなく、自国の伝統を踏まえた近代建築をいかに創造するかが問題とされており、さしずめ「国民建築論」と呼ぶべきものであったことがわかる。ただし、伝統建築の美しさの延長線上に自らの作品を位置付ける丹下の論調は、古典建築に対する私的解釈や史実を無視した引用に陥りがちで、いかなる歴史事象も都合良く甘めに編集してしまう日本浪漫派的な危うさを抱えている。

四つ目の論考「無限のエネルギー：コンクリート」は、雑誌『建築文化』一九五八年二月号に掲載された論考で、丹下がインドを訪れ、ル・コルビュジエの近作に触れたのち書かれた。丹下はル・コルビュジエの作品が芸術(詩)の域に達していることを讃え、自らもコンクリートを通じて取り組んだチャレンジについて整理している。一般に、耐震性と耐火性に優れたコンクリートは鉄骨に比して材料単価が安い反面、施工の手間を要し人件費が嵩むが、人件費単価が安かった戦後の日本やインドでは大いに重宝された建築材料でもあった。丹下を感動させたミケランジェロの建築はおよそ大理石でできていたが、ル・コルビュジエと丹下はコンクリートを通じてミケランジェロに比肩する建築を目指したといえる。

五つ目の論考「芸術の創造性について」は、『建築文化』一九五八年一〇月号に掲載された論考で、詩人(芸術家)特有の不安と決断について持論を展開している。「MI-CHELANGELO頌」が大学卒業直後の丹下が書いたマニフェストであったとすれば、この「芸術の創造性について」は約二〇年後に書かれた中間報告であり、広島平和記念公園、東京都庁舎(有楽町)、香川県庁舎などを完成させ、日本を代表する建築家として認められつつあった頃の心情を吐露した創作論であった。キャリアを重ねるなかで同じ設計技法が繰り返され円熟するのは建築家の常であるが、そうした円熟と反復をマンネリとみなし、自らを奮い立たせて創造的破壊に邁進する丹下の決意表明のように読める。一九六〇年代に国立代々木競技場、東京カテドラル、山梨文化会館など、世界中の誰も見たことのない建築を丹下が連発する予兆であったといえよう。

第Ⅱ章は三本の論考からなり、構想力と民衆がキーワードとなる。一つ目の論考「日本の建築家——その内部の現実と外部の現実——」は、『新建築』一九五六年一〇月号に掲載された。この論考は先に触れた「現代建築の創造と日本建築の伝統」の後に書かれたものである。建築家はル・コルビュジエやミース・ファン・デル・ローエといった天才の構想力を認めた上で創造に取り組むべきであり、民衆と共にインターナショナルを高唱しながら行進すれば良い建築が作れるわけではない、と述べている。

誤解を生んできた文章で、この件だけ読むと、丹下が天才建築家を気取り、一人で思索に耽り図面を引いていた印象を与える。現に社会主義・共産主義を信奉する丹下より若い世代の建築家や雑誌編集者らは、「構想力」を強調する丹下をエリート主義の極みとして激しく反発し、集合知による集団設計を唱えた。しかし、実際の丹下は東大の丹下研究室を拠点とし、大谷幸夫、磯崎新、黒川紀章らを主体とする少数精鋭の設計集団を組織した。自らスケッチを描いてスタッフに渡すような上意下達は少なく、スタッフの案にアドバイスする形でブラッシュアップを図る、まさに「集団設計」で仕事を進めていたのである。

丹下がこの論考で問題としているのは、表題にもあるとおり、建築家の「内部の現実と外部の現実」であった。「外部の現実」とは建築家と労働者との連帯ではなく、建築家という職能が置かれた社会的・経済的状況を指す。一方、丹下が重んじた「内部の現実」とは、創作者の内面で美しさに突き動かされる創造への衝動を指し、構想力の源泉を意味する。例えば、丹下は「グロピウスの残した余韻」という論文(本書第Ⅲ章に収録)でもこの問題について考察しており、桂離宮を訪れた際の印象をもとに「わたくし達の内部に息づいているこの不思議な生きもの」という言葉で論じている。

二つ目の論考「おぼえがき――建築設計家として民衆をどう把握するか――」は、『建築文化』一九五六年一〇月号に掲載された。このなかで丹下は労働者の住まいの現状を仔細に調査し、類型的に評価する研究手法を疑問視している。こうした調査は建築計画学と呼ばれる分野で盛んに行われ、代表的論客の一人が西山夘三・京都大学助教授(当時)であった。西山が注視した外的リアリティとは労働者の生活であった。ここで注目されるのは、丹下にとってマルクスもル・コルビュジエと同様の天才とみなした点である。マルクスは構想力を発揮してヘーゲルの弁証法を逆転させ、さらにマルクスが空想的社会主義を批判しながら社会科学を打ち立てたおかげで、民衆の中に潜むエネルギーが発見され、民衆の歴史的創造過程(社会主義社会への道のり)が示された。言い換えれば、建築家はマルクスやル・コルビュジエの如き天才的構想力を介して初めて民衆の歴史的創造過程や建築の近代化に参画できるのであり、西山の如く民衆の生活に寄り添って住まい方調査を続けることで住まいの抱える矛盾を示せても、その矛盾を止揚するビジョンを構想できない、という。

三つ目の論考「建築家は民衆をどう把えるか」は、雑誌『美術批評』一九五六年一一月号に掲載された論考で、丹下はここでも「おぼえがき」と同様に住まい方調査の限界に言及して構想力の必要性を論じている。特に「建築家はその構想力によって、民衆を把握していくことができる——構想力のない建築家は、いくら口で民衆、民衆といっても、民衆を発展的につかむことはできない」と断言したが、この売り言葉は「美しきもののみ機能的である」という箴言に匹敵するインパクトをもつ。

ここで余談となるが、丹下は一九六〇年の安保闘争時に丹下研究室メンバーを従えて安保反対のための街頭デモに参加している。当時、研究室の大番頭を務めた神谷宏治によれば、本郷から国会に至る数キロのデモの間、丹下は戦慄していた。スクラムを組む丹下の腕から伝わる戦慄を受け止めた神谷は、丹下の心中を察しながら「この戦慄こそが抵抗者・挑戦者そして創造者の原点なのだという強烈な印象は、先生の体温とともにいまだに私を温め続けている」と回顧している（神谷宏治「丹下先生の文化勲章受章を祝して」『建築文化』一九八〇年一二月号）。

丹下の心中は一九六〇年七月四日付朝日新聞に寄せたエッセイのなかで垣間見ることができる。丹下によれば、日本の都市や建築には民主的な伝統がまったくないため、「議事堂や官邸が、あけっぱなしに、広場に面していたら、もっと明朗なデモが行なわれたであろうし、岸さんが今ごろまで居すわっていたり、政権のヤミ取り引きが世の中をうっとうしくしている、というようなことはなくてすんだに違いない。専制国家の象徴でもあるかのような日本の議事堂の建築は、共同墓碑にでもするがよい」と政権批判を展開した。

第Ⅲ章は六つの論考からなり、諸芸術の対立と統合、伝統の破壊的な理解がキーワードとなる。一つ目の論考「インダストリアル　デザインと建築――自由な娘たち――」

は、雑誌『別冊みづゑ』一九五三年五月号に掲載された。丹下は、資本主義の発展に伴って活動領域を拡大してきたインダストリアル・デザインについて擬人法を駆使して振り返り、実直に機能主義を説く父・建築と、多様な色彩をまといながら素材の重要さを説く母・美術との間に生まれた奔放な娘がインダストリアル・デザインであると位置づけている。機知に富み、展開の速い筆の運びは、建築プロパーを挑発する論考とは違って肩の力が抜けており、丹下の人柄が滲み出るエッセイとなっている。

二つ目の論考「芸術の定着と統合について——三人展を機会に——」は、雑誌『美術手帖』一九五五年五月号に掲載されたもので、同年四月一日から一〇日まで日本橋・高島屋で開催された「ル・コルビュジェ　レジェ　ペリアン三人展　巴里一九五五年・芸術の総合への提案」の展評である。丹下はこの展評のなかで、ペリアンがデザインした家具が日本古代を彷彿させると絶賛し、建築家と家具デザイナーとの協働の理想形をル・コルビュジエとペリアンに見出した。丹下は香川県庁舎（一九五八年竣工）以後の自作に据える家具について剣持勇にデザインを依頼している。コンクリート打放しで伽藍堂になりがちな丹下作品の内部空間にヒューマンスケールと手触りを与えるべく、剣持は様々な家具を考案した。

三つ目の論考「グロピウスの残した余韻」は、『グロピウスと日本文化』（一九五六年）に掲載された。ワルター・グロピウスはル・コルビュジエ、ミース・ファン・デル・ローエと並んで近代建築の巨匠として知られ、一九五四年に初来日を果たした。その際、丹下はグロピウスと共に倉敷、広島を歩いたほか、自邸に招くなどプライベートでも親交を深めた。一方、グロピウスは日本建築の素晴らしさと近代建築との共通点を的確に言語化したが、「グロピウスの残した余韻」のなかで、丹下はグロピウスによる日本建築評価に対し反感をいだいたことが記されている。丹下が表明した違和感の論拠になったのが先に触れた「内部の現実」であり、創作者の内面で育まれる美しさに突き動かされる創造への衝動であった。

四つ目の論考「『桂』序」は、写真家・石元泰博が撮影した桂離宮の写真集『桂——日本建築における伝統と創造』（一九六〇年）に丹下が寄せた序文である。丹下はこの写真集が一人の建築家と一人の写真家の心象のなかに生きている桂離宮の記録であり、「私たちは桂を破壊的に眺めていると見えるかもしれない」と告白している。丹下が破壊せんとした桂とは堀口捨己の衒学的で雅な桂離宮解釈であった。それに対して、丹下は桂離宮に宮廷人による建築文化と下層に属する人々による作庭文化の弁証法を見出そうとした。丹下は自らの論考を歴史的な研究ではないと謙遜したが、部外者から見れば堀口も丹下も十二分に史実を渉猟し、格調高い建築論を展開しており、建築という狭い世界で帝大生同士が展開した文化的覇権闘争の一つであった。

五つ目の論考「サンパウロ・ビエンナーレ展の焦点」は、雑誌『芸術新潮』一九五七年一二月号に掲載された。丹下はグロピウスの推挙でサンパウロ・ビエンナーレの審査員となったが、メキシコの近代建築が当地の古代文明を彷彿させる絵画と融合する試みを高く評価した。一九世紀末から二〇世紀初頭にかけて欧州諸国で生まれた近代建築が南米、日本、中国、インドといった古い歴史をもつ国々に伝播したが、丹下は北米の超高層建築が正統な後継ではなく、当地の伝統芸術と融合する過程で近代をどう乗り越え、新しい建築を生み出せるかが重要とみなしていた。

六つ目の論考「対立をふくんだ芸術の協同」は、丹下の作品集『現実と創造』(一九六六年)に収録されている。ここで丹下は一九五〇年代に自作のなかで協働してきたイサム・ノグチ、岡本太郎、勅使河原蒼風、猪熊弦一郎との関係を振り返った。そして、建築と諸芸術の総合がいかに困難で、不確実で、偶然に支配されようとも、果敢に挑戦すべきテーマであると強調している。一九六〇年代以後の丹下は、篠田桃紅(日南市文化センター）、志水晴児（国立代々木競技場）、岡本太郎（大阪万博）らと協働を行い、対立を含んだ芸術の展開を実践したことになる。

総じて、本書で取り上げた戦前から一九六〇年代までの丹下の建築論は、民衆、国家、構想力、歴史、詩、伝統、弁証法といった具合にどれも抽象的で、設計を生業とする者にとっては理解しにくい言葉が連なっている。しかし、この時期に丹下の傑作が次々と生みだされたことは特に留意すべきであろう。一方で、一九七〇年代以後の丹下の言説は非常にわかりやすく、建築を専門としない者でも十分に読み解ける。この時期の丹下作品は一般の人々にとって理解しやすい、大きくて立派な建物（メディアに批判されがちなハコモノ）に変容していた、とも評価できる。

読者を置き去りにする抽象的な言葉が傑作を生むのではなく、一建築家の力では解決不能と思しき大きな問題を自らの課題として設定し、それを果敢に言語化しながら、新しい建築として姿形を与えようとする試み（言説と建築空間を限りなく一致させようとする営為）にこそ、丹下健三の建築論の核心がある、といえるのではなかろうか。

なお、本書では初期の論考については、原文を一部現代的な表記に改めてある。

（とよかわさいかく・千葉大学工学部准教授）

丹下健三建築論集《たんげけんぞうけんちくろんしゅう》

2021年7月15日　第1刷発行

編　者　豊川斎赫《とよかわさいかく》

発行者　坂本政謙

発行所　株式会社 岩波書店
〒101-8002 東京都千代田区一ツ橋2-5-5
案内 03-5210-4000　営業部 03-5210-4111
文庫編集部 03-5210-4051
https://www.iwanami.co.jp/

印刷・三秀舎　カバー・精興社　製本・中永製本

ISBN 978-4-00-335851-1　　Printed in Japan

読書子に寄す

――岩波文庫発刊に際して――

岩波茂雄

真理は万人によって求められることを自ら欲し、芸術は万人によって愛されることを自ら望む。かつては民を愚昧ならしめるために学芸が最も狭き堂宇に閉鎖されたことがあった。今や知識と美とを特権階級の独占より奪い返すことはつねに進取的なる民衆の切実なる要求である。岩波文庫はこの要求に応じそれに励まされて生まれた。それは生命ある不朽の書を少数者の書斎と研究室とより解放して街頭にくまなく立たしめ民衆に伍せしめるであろう。近時大量生産予約出版の流行を見る。その広告宣伝の狂態はしばらくおくも、後代にのこすと誇称する全集がその編集に万全の用意をなしたるか。千古の典籍の翻訳企図に敬虔の態度を欠かざりしか。さらに分売を許さず読者を繋縛して数十冊を強うるがごとき、はたしてその揚言する学芸解放のゆえんなりや。吾人は天下の名士の声に和してこれを推挙するに躊躇するものである。このときにあたって、岩波書店は自己の責務のいよいよ重大なるを思い、従来の方針の徹底を期するため、すでに十数年以前より志して来た計画を慎重審議この際断然実行することにした。吾人は範をかのレクラム文庫にとり、古今東西にわたって文芸・哲学・社会科学・自然科学等種類のいかんを問わず、いやしくも万人の必読すべき真に古典的価値ある書をきわめて簡易なる形式において逐次刊行し、あらゆる人間に須要なる生活向上の資料、生活批判の原理を提供せんと欲する。この文庫は予約出版の方法を排したるがゆえに、読者は自己の欲する時に自己の欲する書物を各個に自由に選択することができる。携帯に便にして価格の低きを最主とするがゆえに、外観を顧みざるも内容に至っては厳選最も力を尽くし、従来の岩波出版物の特色をますます発揮せしめようとする。この計画たるや世間の一時の投機的なるものと異なり、永遠の事業として吾人は微力を傾倒し、あらゆる犠牲を忍んで今後永久に継続発展せしめ、もって文庫の使命を遺憾なく果たさしめることを期する。芸術を愛し知識を求むる士の自ら進んでこの挙に参加し、希望と忠言とを寄せられることは吾人の熱望するところである。その性質上経済的には最も困難多きこの事業にあえて当たらんとする吾人の志を諒として、その達成のため世の読書子とのうるわしき共同を期待する。

昭和二年七月

《東洋思想》〔青〕

易経 全二冊　高田真治・後藤基巳訳
論語　金谷治訳注
孔子家語　藤原正校訳
孟子 全二冊　小林勝人訳注
老子　蜂屋邦夫訳注
荘子 全四冊　金谷治訳注
新訂 孫子　金谷治訳注
荀子 全二冊　金谷治訳注
韓非子 全四冊　金谷治訳注
史記列伝 全五冊　司馬遷／小川環樹・今鷹真・福島吉彦訳
春秋左氏伝 全三冊　小倉芳彦訳
塩鉄論　曾我部静雄訳註
千字文　小川環樹・木田章義注解
大学・中庸　金谷治訳注
孫文革命文集　深町英夫編訳
実践論・矛盾論　毛沢東／松村一人・竹内実訳
仁学 —清末の社会変革論　譚嗣同／西順蔵・坂元ひろ子訳注
章炳麟集 —清末の民族革命思想　西順蔵・近藤邦康編訳
梁啓超文集　岡本隆司・石川禎浩・高嶋航編訳
マヌの法典　田辺繁子訳
ガンディー獄中からの手紙　森本達雄訳
随園食単　袁枚／青木正児訳註
ウパデーシャ・サーハスリー —真実の自己の探求　シャンカラ／前田専学訳

《仏教》〔青〕

ブッダのことば —スッタニパータ　中村元訳
ブッダの真理のことば 感興のことば　中村元訳
般若心経・金剛般若経　中村元・紀野一義訳註
法華経 全三冊　坂本幸男・岩本裕訳注
日蓮文集　兜木正亨校注
浄土三部経 全二冊　中村元・早島鏡正・紀野一義訳註
大乗起信論　宇井伯寿・高崎直道訳注
天台小止観 —坐禅の作法　天台大師／関口真大訳注
臨済録　入矢義高訳注
碧巌録 全三冊　入矢義高・溝口雄三・末木文美士・伊藤文生訳注
無門関　西村恵信訳注
法華義疏 全二冊　聖徳太子／花山信勝校訳
往生要集 全二冊　源信／石田瑞麿訳注
教行信証　親鸞／金子大栄校訂
歎異抄　金子大栄校注
正法眼蔵 全四冊　道元／水野弥穂子校注
正法眼蔵随聞記　懐奘編／和辻哲郎校訂
道元禅師清規　大久保道舟訳注
一遍上人語録 —付 播州法語集　大橋俊雄校注
一遍聖絵　聖戒編／大橋俊雄校注
南無阿弥陀仏 —付 心偈　柳宗悦
蓮如文集　蓮如／笠原一男校注
蓮如上人御一代聞書　稲葉昌丸校訂
日本的霊性　鈴木大拙／篠田英雄校訂
新編 東洋的な見方　鈴木大拙／上田閑照編
禅堂生活　鈴木大拙／横川顕正訳

大乗仏教概論　鈴木大拙／佐々木閑訳
浄土系思想論　鈴木大拙
神秘主義 キリスト教と仏教　鈴木大拙／坂東性純／清水守拙訳
禅の思想　鈴木大拙
ブッダ最後の旅 —大パリニッバーナ経　中村元訳
仏弟子の告白 —テーラガーター—　中村元訳
尼僧の告白 —テーリーガーター—　中村元訳
ブッダ神々との対話 —サンユッタ・ニカーヤI—　中村元訳
ブッダ悪魔との対話 —サンユッタ・ニカーヤII—　中村元訳
驢鞍橋　鈴木正三／鈴木大拙校訂
禅林句集　足立大進校注
ブッダが説いたこと　ワールポラ・ラーフラ／今枝由郎訳
ブータンの瘋狂聖ドゥクパ・クンレー伝　ゲンドゥン・リンチェン編／今枝由郎訳

《音楽・美術》〔青〕

ベートーヴェン音楽ノート　小松雄一郎訳編
ベートーヴェンの生涯　ロマン・ロラン／片山敏彦訳
音楽と音楽家　シューマン／吉田秀和訳

モーツァルトの手紙 —その生涯のロマン 全二冊　柴田治三郎編訳
レオナルド・ダ・ヴィンチの手記 全二冊　杉浦明平訳
ゴッホの手紙 全三冊　硲伊之助訳
ロダンの言葉抄　高村光太郎訳／高田博厚／菊池一雄編
ビゴー日本素描集　清水勲編
ワーグマン日本素描集　清水勲編
葛飾北斎伝　飯島虚心／鈴木重三校注
ヨーロッパのキリスト教美術 —十二世紀から十八世紀まで 全二冊　エミール・マール／柳宗玄／荒木成子訳
近代日本漫画百選　清水勲編
ドーミエ諷刺画の世界　喜安朗編
デューラー自伝と書簡　前川誠郎訳
蛇儀礼　ヴァールブルク／三島憲一訳
迷宮としての世界 —マニエリスム美術 全二冊　グスタフ・ルネ・ホッケ／種村季弘／矢川澄子訳
日本洋画の曙光　平福百穂
江戸東京実見画録　長谷川渓石画／進士慶幹／花咲一男注解
映画とは何か 全二冊　アンドレ・バザン／野崎歓／大原宣久／谷本道昭訳
漫画 坊っちゃん　近藤浩一路

漫画 吾輩は猫である　近藤浩一路
ロバート・キャパ写真集　ICPロバート・キャパ・アーカイブ編
北斎 富嶽三十六景　日野原健司編
日本漫画史 —鳥獣戯画から岡本一平まで　細木原青起
世紀末ウィーン文化評論集　ヘルマン・バール／西村雅樹編訳

《法律・政治》〔白〕

- 人権宣言集 — 高木八尺・末延三次・宮沢俊義 編
- 新版 世界憲法集 第二版 — 高橋和之 編
- 君主論 — マキァヴェッリ／河島英昭 訳
- フィレンツェ史 全二冊 — マキァヴェッリ／齊藤寛海 訳
- リヴァイアサン 全四冊 — ホッブズ／水田洋 訳
- 法の精神 全三冊 — モンテスキュー／野田良之・稲本洋之助・上原行雄・田中治男・三辺博之・横田地弘 訳
- ローマ人盛衰原因論 — モンテスキュー／田中治男・栗田伸子 訳
- 第三身分とは何か — シィエス／稲本洋之助・伊藤洋一・川出良枝・松本英実 訳
- 教育に関する考察 — ロック／服部知文 訳
- 完訳 統治二論 — ジョン・ロック／加藤節 訳
- 寛容についての手紙 — ジョン・ロック／加藤節・李静和 訳
- キリスト教の合理性 — ジョン・ロック／加藤節 訳
- ルソー 社会契約論 — 桑原武夫・前川貞次郎 訳
- アメリカのデモクラシー 全四冊 — トクヴィル／松本礼二 訳
- 犯罪と刑罰 — ベッカリーア／風早八十二・五十嵐二葉 訳
- リンカーン演説集 — 高木八尺・斎藤光 訳
- 権利のための闘争 — イェーリング／村上淳一 訳
- 近代人の自由と古代人の自由・征服の精神と簒奪 他一篇 — コンスタン／堤林剣・堤林恵 訳
- 民主主義の本質と価値 他一篇 — ハンス・ケルゼン／長尾龍一・植田俊太郎 訳
- 外交談判法 — カリエール／坂野正高 訳
- 危機の二十年 —理想と現実 — E・H・カー／原彬久 訳
- アメリカの黒人演説集 —キング・マルコムX・モリスン他 — 荒このみ 編訳
- モーゲンソー 国際政治 —権力と平和 全三冊 — 原彬久 監訳
- 現代議会主義の精神史的状況 他一篇 — カール・シュミット／樋口陽一 訳
- 第二次世界大戦外交史 全二冊 — 芦田均
- 憲法講話 — 美濃部達吉
- 日本国憲法 — 長谷部恭男 解説
- 民主体制の崩壊 —危機・崩壊・再均衡 — ファン・リンス／横田正顕 訳

《経済・社会》〔白〕

- 政治算術 — ペティ／大内兵衛・松川七郎 訳
- チュルゴオ 富に関する省察 — 永田清 訳
- 国富論 全四冊 — アダム・スミス／水田洋 監訳・杉山忠平 訳
- 道徳感情論 全二冊 — アダム・スミス／水田洋 訳
- 法学講義 — アダム・スミス／水田洋 訳
- コモン・センス 他三篇 — トーマス・ペイン／小松春雄 訳
- 経済学における諸定義 — マルサス／玉野井芳郎 訳
- オウエン自叙伝 — ロバアト・オウエン／五島茂 訳
- 経済学および課税の原理 全二冊 — リカードウ／羽鳥卓也・吉澤芳樹 訳
- 戦争論 全三冊 — クラウゼヴィッツ／篠田英雄 訳
- 自由論 — J・S・ミル／塩尻公明・木村健康 訳
- 女性の解放 — J・S・ミル／大内兵衛・大内節子 訳
- ミル自伝 — 朱牟田夏雄 訳
- 大学教育について — J・S・ミル／竹内一誠 訳
- ユダヤ人問題によせて ヘーゲル法哲学批判序説 — マルクス／城塚登 訳
- 経済学・哲学草稿 — マルクス／城塚登・田中吉六 訳
- 新編輯版 ドイツ・イデオロギー — マルクス・エンゲルス／廣松渉 編訳・小林昌人 補訳
- マルクス エンゲルス 共産党宣言 — 大内兵衛・向坂逸郎 訳
- 賃労働と資本 — マルクス／長谷部文雄 訳
- 賃銀・価格および利潤 — マルクス／長谷部文雄 訳
- マルクス 経済学批判 — 武田隆夫・遠藤湘吉・大内力・加藤俊彦 訳

- マルクス 資本論 全九冊 — エンゲルス編 向坂逸郎訳
- 文学と革命 全二冊 — トロツキイ 桑野隆訳
- ロシア革命史 全五冊 — トロツキー 藤井一行訳
- 空想より科学へ —社会主義の発展 — エンゲルス 大内兵衛訳
- イギリスにおける労働者階級の状態 —一九世紀のロンドンとマンチェスター 全二冊 — エンゲルス 一條和生・杉山忠平訳
- 帝国主義論 全二冊 — ホブスン 矢内原忠雄訳
- 帝国主義 — レーニン 宇高基輔訳
- 国家と革命 — レーニン 宇高基輔訳
- 金融資本論 全二冊 — ヒルファディング 岡崎次郎訳
- ローザ・ルクセンブルク 獄中からの手紙 — 秋元寿恵夫訳
- 雇用、利子および貨幣の一般理論 全二冊 — ケインズ 間宮陽介訳
- シュムペーター 経済発展の理論 全二冊 — 塩野谷祐一・中山伊知郎・東畑精一訳
- シュムペーター 経済学史 —学説ならびに方法の諸段階 — 中山伊知郎・東畑精一訳
- 租税国家の危機 — シュムペーター 木村元一・小谷義次訳
- 恐慌論 — 宇野弘蔵
- 経済原論 — 宇野弘蔵
- ユートピアだより — ウィリアム・モリス 川端康雄訳

- 民衆の芸術 — ウィリアム・モリス 中橋一夫訳
- 社会科学と社会政策にかかわる認識の「客観性」 — マックス・ヴェーバー 富永祐治・立野保男訳 折原浩補訳
- プロテスタンティズムの倫理と資本主義の精神 — マックス・ヴェーバー 大塚久雄訳
- 職業としての学問 — マックス・ウェーバー 尾高邦雄訳
- 社会学の根本概念 — マックス・ヴェーバー 清水幾太郎訳
- 職業としての政治 — マックス・ヴェーバー 脇圭平訳
- 古代ユダヤ教 全三冊 — マックス・ヴェーバー 内田芳明訳
- 宗教と資本主義の興隆 歴史的研究 全二冊 — トーニー 出口勇蔵・越智武臣訳
- 世論 全二冊 — リップマン 掛川トミ子訳
- 王権 — A・M・ホカート 橋本和也訳
- 鯰絵 —民俗的想像力の世界 — C・アウエハント 小松和彦・中沢新一・飯島吉晴・古家信平訳
- 贈与論 他二篇 — マルセル・モース 森山工訳
- 国民論 他二篇 — マルセル・モース 森山工編訳
- ヨーロッパの昔話 その形と本質 — マックス・リュティ 小澤俊夫訳
- 独裁と民主政治の社会的起源 —近代世界形成過程における領主と農民 全二冊 — バリントン・ムーア 宮崎隆次・森山茂徳・高橋直樹訳
- 大衆の反逆 — オルテガ・イ・ガセット 佐々木孝訳

《自然科学》〔青〕

- 科学と仮説 — ポアンカレ 河野伊三郎訳
- エネルギー — オストヴァルト 山県春次訳
- 光学 — ニュートン 島尾永康訳
- 大陸と海洋の起源 —大陸移動説 全二冊 — ヴェーゲナー 都城秋穂・紫藤文子訳
- ロウソクの科学 — ファラデー 竹内敬人訳
- 種の起原 全二冊 — ダーウィン 八杉龍一訳
- 完訳 ファーブル昆虫記 全十冊 — 山田吉彦・林達夫訳
- 確率の哲学的試論 — ラプラス 内井惣七訳
- 史的に見たる科学的宇宙観の変遷 — アーレニウス 寺田寅彦訳
- 科学談義 — T・H・ハックスリ 小泉丹訳
- アインシュタイン 相対性理論 — 内山龍雄訳・解説
- 相対論の意味 — アインシュタイン 矢野健太郎訳
- 自然美と其驚異 — ジョン・ラバック 板倉勝忠訳
- ダーウィニズム論集 — 八杉龍一編訳
- 近世数学史談 — 高木貞治
- ハッブル 銀河の世界 — 戎崎俊一訳

岩波文庫の最新刊

梶山雄一・丹治昭義・津田真一・
田村智淳・桂紹隆 訳注
梵文和訳 **華厳経入法界品**（上）

大乗経典の精華。善財童子が良き師達を訪ね、悟りを求めて、遍歴する雄大な物語。梵語原典から初めての翻訳、上巻は序章から第十七章を収録。（全三冊）

〔青三四五-一〕 **定価一〇六七円**

大髙保二郎・松原典子編訳
ゴヤの手紙（下）

近代へと向かう激流のなかで、画家は何を求めたか。本書に編んだゴヤ全生涯の手紙は、無類の肖像画家が遺した、文章による優れた自画像である。（全二冊）

〔青五八四-二〕 **定価一一一一円**

マックス・プランク著／西尾成子訳
熱輻射論講義

量子論への端緒を開いた、プランクによるエネルギー要素の仮説。新たな理論の道筋を自らの思考の流れに沿って丁寧に解説した主著。

〔青九四九-一〕 **定価一一七七円**

小南一郎訳注
楚辞

『詩経』と並ぶ中国文学の源流。戦国末の動乱の世に南方楚に生まれ、屈原伝説と結びついた楚辞文芸。今なお謎に満ちた歌謡群は、悲哀の中にも強靱な精神が息づく。

〔赤一-一〕 **定価一三二〇円**

ヴァルター・ベンヤミン著／
今村仁司、三島憲一 他訳
パサージュ論（四）

産業と技術の進展はユートピアをもたらすか。「サン＝シモン、鉄道」「フーリエ」「マルクス」「写真」「社会運動」等の項目を収録。断片の伝えるベンヤミンの世界。（全五冊）

〔赤四六三-六〕 **定価一一七七円**

……今月の重版再開……

イブン＝ハルドゥーン著／森本公誠訳
歴史序説（一）

定価一三八六円
〔青四八一-一〕

イブン＝ハルドゥーン著／森本公誠訳
歴史序説（二）

定価一三八六円
〔青四八一-二〕

岩波文庫の最新刊

豊川斎赫編
丹下健三建築論集

人間と建築にたいする深い洞察と志。「世界のTANGE」と呼ばれた建築家による重要論考を集成する。二巻構成のうちの建築論篇。
〔青五八五-一〕 定価九二四円

カッシーラー著／熊野純彦訳
国家と神話(上)

なぜ非科学的・神話的な言説が、合理的な思考より支持されるのか？ 国家における神話と理性との闘争の歴史を、古代ギリシアから現代まで壮大なスケールで考察する。
〔青六七三-六〕 定価一三二〇円

ドーデー作／桜田佐訳
風車小屋だより

ドーデー(一八四〇―九七)の二十四篇の小品から成る第一短篇小説集。十九世紀フランス文学の名作。改版。(解説＝有田英也)。
〔赤五四二-一〕 定価八五八円

……今月の重版再開……

イブン＝ハルドゥーン著／森本公誠訳
歴史序説(三)

定価一三二〇円 〔青四八一-三〕

イブン＝ハルドゥーン著／森本公誠訳
歴史序説(四)

定価一三二〇円 〔青四八一-四〕

定価は消費税10％込です　2021.7